Fuego cruzado
Antología épica

Crossfire
Epic Anthology

Amado J. Láscar
Editor

Fuego cruzado: Antología épica
Crossfire: Epic Anthology

Primera edición / First Edition: Agosto de 2020

© los autores / the authors
© de esta edición / of this edition El Sur es América, LLC

Editor: Amado J. Láscar
Asistente de edición / Edition Assistant: Luis E. Mendoza
Compiladores / Compilatrors: Luis E. Mendoza y Amado J. Láscar

Diseño de portada / Cover Design: Santiago Mosquera
Fotos de portada / Cover photos: @camilo_m_mejia
Diagramación / Layout: Rosario Mejía
Asistencia / Assistants : Yue Dong
                      Justin Kendrick

Library of Congress Control Number: 2020940618

ISBN- 978-1-7337337-3-1

Editorial El Sur es América, LLC
Virginia, Estados Unidos
ElSurEsAmerica@gmail.com
www.ElSurEsAmerica.com

CONTENIDO

INTRODUCCIÓN — 14

INDRAN AMIRTHANAYAGAM — 21
    Motín — 22
    Padre — 24
    La nueva arca — 30
    Cuerpo de Bomberos — 32
    Separar al niño — 36

MANLIO ARGUETA — 43
    Post Card — 44
    Los Garrobos — 48
    Mamá — 50

CARMEN BERENGUER — 55
    Crónica del American Air — 56
    Barro — 66

KARY CERDA — 71
    Pacto de piedra — 72

TETYANA DOVBNYA — 85
    КИНОЛЕНТА — 86
    Fragmento de un film — 90

MARGARITA DRAGO — 99
    Nosotros, los de entonces — 100

CONTENTS

INTRODUCTION — 15

INDRAN AMIRTHANAYAGAM — 21
    Riot — 23
    Father — 25
    The New Ark — 31
    Fire Department — 33
    Separate the Child — 37

MANLIO ARGUETA — 43
    Postcard — 45
    Los Garrobos — 49
    Mom — 51

CARMEN BERENGUER — 55
    American Air Chronicle — 57
    Mud — 66

KARY CERDA — 71
    Stone Covenant — 73

TETYANA DOVBNYA — 85
    КИНОЛЕНТА — 86
    Film Strip — 91

MARGARITA DRAGO — 99
    Us Back Then — 101

PAUL DRESMAN – 113
    Fragmentos de «*Slatches*» – 114

PAUL FORSYTH TESSEY – 131
    Medea – 132

TOMÁS MODESTO GALÁN – 155
    No hay *Collusion* – 156

SAMUEL GREGOIRE – 167
    Powèt lan – 168
    El poeta – 172

RODOLFO HÄSLER – 181
    Rosa de Sarajevo – 182

PAULO HUIRIMILLA OYARZO – 191
    A propósito de los 4 sonetos del Apocalípsis – 192
    Urgente – 196
    Río de cisnes – 202

ÁLVARO INOSTROZA BIDART – 211
    Generación del 80 – 212

LUZ STELLA MEJÍA MANTILLA – 219
    Tierra – 220
    Desarrollo – 222
    La nueva historia – 234

EDUARDO MOGA – 239
    De vegades sento ganes de gridar – 240
    A veces me dan ganas de gritar – 244

MARÍA ÁNGELES PÉREZ LÓPEZ – 253
    Ser fuego, ser nadie – 254

KEITH PHETLHE – 261
    Oodi – 262

PAUL DRESMAN — 113
    Excerpts from "Slatches" — 115

PAUL FORSYTH TESSEY – 131
    Medea — 133

TOMÁS MODESTO GALÁN — 155
    There Is No Collusion — 157

SAMUEL GREGOIRE — 167
    Powèt lan — 168
    The Poet — 173

RODOLFO HÄSLER — 181
    Rose of Sarajevo — 183

PAULO HUIRIMILLA OYARZO — 191
    Speaking About the Four Sonnets of the Apocalypse — 193
    Urgent — 197
    A Swan's River — 203

ÁLVARO INOSTROZA BIDART — 211
    Generation of '80 — 213

LUZ STELLA MEJÍA MANTILLA — 219
    Tierra - Earth, Land — 221
    Development — 223
    The New History — 235

EDUARDO MOGA — 239
    De vegades sento ganes de gridar — 240
    Sometimes I Feel Like Shouting — 245

MARÍA ÁNGELES PÉREZ LÓPEZ — 253
    Being Fire, Being Nobody — 255

KEITH PHETLHE — 261
    Oodi — 263

JUANA M. RAMOS – 269
    Noche oblonga — 270

ROGER SANTIVÁÑEZ – 283
    Santa Rosa de Lima — 284

SANDRA SANTOS – 295
    Filho — 296
    Hijo — 300

YRENE SANTOS – 309
    Carta para unos oídos que desconozco o que quizás conozco mucho — 310

CARLOS SATIZÁBAL – 319
    Cádiz — 320

JESÚS SEPÚLVEDA – 327
    El Fascismo se sienta a la mesa — 328
    Doscientos años — 334
    Ruta — 342

FREDY YEZZED – 347
    Carta de las mujeres de este país — 348

BIOGRAFÍAS – 361
    Indran Amirthanayagam (Ceilán / USA) — 362
    Manlio Argueta (El Salvador) — 362
    Carmen Berenguer (Chile) — 362
    Kary Cerda (México) — 364
    Tetyana Dovbnya (Ucrania) — 364
    Margarita Drago (Argentina) — 364
    Paul Dresman (USA) — 364
    Paul Forsyth Tessey (Perú) — 366
    Tomás Modesto Galán (República Dominicana) — 366
    Samuel Gregoire (Haití) — 366

JUANA M. RAMOS — 269
    Oblong Night — 271

ROGER SANTIVÁÑEZ — 283
    Saint Rosa of Lima — 285

SANDRA SANTOS — 295
    Filho — 296
    Son — 301

YRENE SANTOS — 309
    Letter for Some Ears That I Don´t Know or That I Might Know Well — 311

CARLOS SATIZÁBAL — 319
    Cádiz — 321

JESÚS SEPÚLVEDA — 327
    Fascism Sits at the Table — 329
    Two Hundred Years — 335
    Route — 343

FREDY YEZZED — 347
    Letter from the Women of This Country — 349

BIOGRAPHIES — 361
    Indran Amirthanayagam (Ceylon / USA) – 363
    Manlio Argueta (El Salvador) – 363
    Carmen Berenguer (Chile) – 363
    Kary Cerda (Mexico) – 365
    Tetyana Dovbnya (Ukraine) – 365
    Margarita Drago (Argentina) – 365
    Paul Dresman (USA) – 365
    Paul Forsyth Tessey (Peru) – 367
    Tomás Modesto Galán (Dominican Republic) – 367
    Samuel Gregoire (Haiti) – 367

Rodolfo Häsler (Cuba / España) — 366

Paulo Huirimilla Oyarzo (Chile) — 368

Álvaro Inostroza Bidart (Chile) — 368

Luz Stella Mejía Mantilla (Colombia / USA) — 368

Eduardo Moga (España) — 368

María Ángeles Pérez López (España) — 370

Keith Phetlhe (Botswana) — 370

Juana M. Ramos (El Salvador) — 370

Roger Santiváñez (Perú) — 370

Sandra Santos (Portugal) — 372

Yrene Santos (República Dominicana) — 372

Carlos Satizábal (Colombia) — 372

Jesús Sepúlveda (Chile) — 374

Fredy Yezzed (Colombia / Argentina) — 374

TRADUCTORES — 377

Traducciones y Traductores — 378

María Postigo (España) — 378

Club de Traducción de la Universidad de Ohio — 378

Traductores independientes — 380

Rodolfo Häsler (Cuba / Spain) — 367

Paulo Huirimilla Oyarzo (Chile) — 369

Álvaro Inostroza Bidart (Chile) — 369

Luz Stella Mejía Mantilla (Colombia / USA) — 369

Eduardo Moga (Spain) — 369

María Ángeles Pérez López (Spain) — 371

Keith Phetlhe (Botswana) — 371

Juana M. Ramos (El Salvador) — 371

Roger Santiváñez (Peru) — 371

Sandra Santos (Portugal) — 373

Yrene Santos (Dominican Republic) — 373

Carlos Satizábal (Colombia) — 373

Jesús Sepúlveda (Chile) — 375

Freddy Yezzed (Colombia/ Argentina) — 375

TRANSLATORS — 377

Translations and Translators — 379

María Postigo (Spain) — 379

Ohio University Translation Club — 379

Independent translators — 380

Introducción

Nuestro proyecto comenzó con la siguiente convocatoria en Septiembre del 2019:

> «Queremos compartir contigo un proyecto editorial: un libro-muestra de poesía épica bilingüe. Verás. El proyecto parte de la premisa del rol social de la poesía en la construcción de nuevos imaginarios. A esto le llamamos poesía épica. Es épica porque hace falta imaginar nuevas formas de vida, reivindicar otras narrativas y ensalzar realidades alternativas a las versiones de la postmodernidad. Épica porque reconocemos el lugar de la subjetividad sin olvidar la totalidad. Épica porque es el primer envase de la poesía. Épica porque no es panfletaria. Épica porque es crítica. Épica, en suma, porque queremos construir una cabaña común».

En los meses siguientes recibimos trabajos de veinticuatro poetas de África, Asia, Europa, Norteamérica y Suramérica, de poetas con distintas experiencias vitales, y con distintas maneras de interpretar la invitación que en parte he copiado al comienzo de esta introducción. Algunos de los poetas enviaron sus trabajos traducidos al inglés o al castellano, dependiendo de su original y para otros hemos tenido que proceder a traducirlos nosotros mismos a través de un club de traducción existente en la Universidad de Ohio, donde me desempeño como profesor de literatura latinoamericana. En algunos casos, cuando el poema original fue escrito en un idioma diferente al castellano o al inglés, hemos incorporado las tres versiones con el objeto de valorar en sus propios términos la versión original. Este caso se produce con Tetyana Dovbnya de Ucrania, Samuel Gregoire de Haití/República Dominicana, Eduardo Moga de Barcelona, España y Sandra Santos de Portugal.

Introduction

Our project started with the following call in September 2019:

> "We want to share with you an editorial project: a sample book of bilingual epic poetry. The project starts from the premise of the social role of poetry in the construction of new imaginary. We call this Epic Poetry. It is epic because it is necessary to imagine new ways of life, claim other narratives, and praise alternative realities to the versions of postmodernity. Epic because we recognize the place of subjectivity without forgetting the totality. Epic because it is the first container of poetry. Epic because it is not pamphleteer. Epic because it is critical. In short, epic, because we want to build a common cabin."

In the following months we received works by twenty-four poets from Africa, Asia, Europe, North America and South America, from poets with different life experiences, and with different ways of interpreting the invitation that I have partially copied at the beginning of this introduction. Some of the poets sent their works translated into English or Spanish, depending on their original work, and for others, we have had to translate them ourselves, by an existing translation club at Ohio University, where I am a professor of Latin American literature. In some cases, when the original poem was written in a language other than Spanish or English, we have incorporated all three versions, in order to assess the original version on its own terms. These cases occur with Tetyana Dovbnya from Ukraine, Samuel Gregoire from Haiti / Dominican Republic, Eduardo Moga from Barcelona, Spain, and Sandra Santos from Portugal.

Desde el punto del montaje de esta antología, el hecho de estar trabajando con diferentes poetas y distintos modos de escribir su poesía, considerando aquí lo estrictamente formal: el tipo de letra, el tamaño de la letra, el largo de los versos, el corte de los versos, etc., crea una importante dificultad visual para equilibrar todos los posibles formatos, desde poemas delgados como una línea vertical a otros que ocupan con creces toda la página. El problema es el sacrificio de una forma en donde todos se presenten con toda su dignidad plástica, porque hemos tenido que utilizar, una de mis peores enemigas, la estandarización, para alcanzar este objetivo. De este modo, algunos poemas se ven como nadando en la página y otros aparecen como tomando todo el espacio como un sitio megalítico y antediluviano.

La convocatoria fue realizada en el año 2019, antes de lo que ahora se está dando por llamar el *New Normal* así en inglés porque es una idea anglo que expande las fronteras alcanzadas por la Reina Victoria. La idea de la convocatoria fue citar a las mentes y los sutiles tejidos de poetas de alrededor del mundo, para que propusieran otros modos de conciencia, con el propósito de entender y transformar el mundo. Sin embargo, en el intertanto la «Pandemia» surgió como una espada de Damocles para todos los que no quieren morir asfixiados y desechados por ser fuentes de contagio y desprecio biológico. La pandemia en lo externo ha sido la respuesta a nuestra proposición Épica que hemos denominado *Fuego Cruzado* por las distintas formas y contenidos con que esta selección se ha parado frente al mundo. Algunos hablan como lo exterior constriñe lo interno, otros son ojos y orejas que han captado el movimiento de lo siniestro en las veredas y plazoletas de sus pueblos, otros nos llevan a lugares fantásticos y míticos como en la literatura clásica, otros nos hablan del amor perdido como una pérdida de la inocencia y a veces también de la esperanza, otros nos hablan del amor a la pareja, al hijo, a la patria. Al amor por la vida, al amor por el prójimo, al amor por el arte, al amor por la paz con justicia...

En esta antología viejos temas como el nacionalismo, las clases sociales, la discriminación racial, de género, de orientación sexual, etc., todos tienen una azotea, una roca, una copa de árbol desde donde disparar. Algunos de ellos aparecen en este mar de vida donde solo vemos la superficie, simplemente hablando de una experiencia personal que al conectarnos con ella, como una semilla en nuestra comprensión, se vuelve universal. Algunos de ellos manifiestan una rabia desoladora, brillante, inspiradora, que nos hace sacudirnos el miedo que nos produce nuestra fratricida fragmentación social. Seis pies de distancia, no darse la mano, no verse la cara, trabajar desde casa, mirar mucha pornografía, desconfiar de todo lo que se mueva, valorar como nunca antes a Microsoft, porque nos comunica y porque prepara las vacunas para nuestra salvación. Bill Gates entre su mano derecha y su mano izquierda nos acoge como hijos de la evolución.

From the perspective of assembly of this anthology, the circumstance of working with diverse poets and different ways of writing poetry, in strictly formal terms: the type and size of font, the length of the verses, the cut of the verses, etc., it creates a major visual difficulty, due to balancing all possible formats; from thin and long poems like a vertical line, to others that fill the entire page. The problem we found here, is the unavoidable sacrifice of some texts in the way where everyone presents themselves with all their plastic dignity, because we have had to use one of my worst enemies, standardization, to achieve this goal. In this way, some poems are seen as swimming on the page and others appear as taking up all the space as a megalithic and antediluvian site.

The call was made in 2019, before what is now being called the "New Normal" in English; because it is an Anglo idea that expands the borders achieved by Queen Victoria. The idea of the call was to summon the minds and subtle fabrics of poets from around the world, to propose other modes of consciousness, with the purpose of understanding and transforming the world. However, in the meantime, the "Pandemic" emerged as a Damocles sword for all those who do not want to die asphyxiated and rejected as sources of contagion and biological contempt. The external pandemic has been the response to our Epic proposition that we have called *Crossfire* due to the different forms and contents with which this selection has stood up to the world. Some speak as the external constrains the internal, others are eyes and ears that have captured the movement of the sinister in the paths and squares of their towns, others take us to fantastic and mythical places as in classical literature, others speak to us of love lost as a loss of innocence and sometimes also of hope, others speak to us of love for the partner, the son, the homeland. To love for life, love for neighbor, love for art, love for peace with justice...

In this anthology every theme such as nationalism, social classes, racial discrimination, gender discrimination, sexual orientation, etc., they all have a roof, a rock, a treetop from which to shoot. Some of them appear in this sea of life where we only see the surface, simply speaking of a personal experience that when connecting with it, like a seed in our understanding, becomes universal. Some of them manifest a devastating, brilliant, inspiring rage that makes us shake off the fear that our fratricidal social fragmentation produces. Six feet away, not shaking hands, not seeing your face, working from home, looking at a lot of pornography, being suspicious of everything that moves, valuing Microsoft like never before, because it communicates to us and because it prepares vaccines for our salvation. Bill Gates between his right hand and his left hand welcomes us as children of evolution.

La disparidad, respecto al acercamiento, como a la construcción de la poesía que hemos convocado, nos permite circular por una multiplicidad de mundos poéticos que dialogan, esos sí, todos, desde el lado de la humanidad, confrontando con diversos recursos poéticos y experienciales, la deshumanización aristocrática que define nuestras vidas y nuestros derroteros como entes humanos. De varios modos surge entre líneas la idea que la libertad no es, ni nunca lo fue, un sistema de legislación positivo y que este sistema hegemónico que se propone como el pináculo de la civilización, no es más que un sistema neo-feudal donde los dueños del capital son los que establecen lo que conocemos como realidad.

La fuerza de las imágenes de las calles de El Salvador, presentadas por Manlio Argueta, con las de Sri Lanka por Indran Amirthanayagam, que nos muestra algo similar en las antípodas; el viaje al pasado de Carmen Berenguer y Margarita Drago; la ternura de Tetyana Dovbnya, Kary Cerda, Sandra Santos, Yrene Santos; la intensidad de Tomás M. Galán, Fredy Yezzed, Luz Stella Mejía, Samuel Gregoire, Rodolfo Häsler; la nostalgia de Álvaro Inostroza, Keith Phelthe, Juana Ramos; la mitología activa de Paulo Huirimilla, María Ángeles Pérez, Roger Santiváñez, Paul Dresman y Paul Forsyth; y la energía de vómito de Eduardo Moga y Jesús Sepúlveda, nos aseguran una experiencia poética muy diferente y muy conectada al mismo tiempo.

Tienes en tus manos un libro importante porque representa las últimas visiones de un mundo poético donde la normalidad había sido alterada varias veces los onces de septiembre y de noviembre (1973, 1989, 2001), pero nunca se había otorgado la licencia para ser llamada así, sin elecciones ni consultas; que habitaríamos una nueva normalidad creada sobre nuestras cabezas por fuerzas humanas aparentemente divinas. Una normalidad donde la IA será nuestro nuevo paradigma y donde las relaciones sociales se limitarán a los pulsos de Internet y la fibra óptica.

Amado J. Láscar

The disparity, regarding the approach, as well as the construction of the poetry that we have summoned, allows us to circulate through a multiplicity of poetic worlds that dialogue, yes, all of them, from the side of humanity. Confronting diverse poetic and life resources: exposing the aristocratic dehumanization that defines our lives and our paths as human beings. In various ways the idea arises between the lines that freedom is not, and never was, a positive system of legislation and that this hegemonic system that is proposed as the pinnacle of civilization, is nothing more than a neo-feudal system where the capital owners are those who establish what we know as reality.

The strength of the images of the streets of El Salvador, presented by Manlio Argueta, with those of Sri Lanka by Indran Amirthanayagam, which shows us something similar in the antipodes; the trip to the past of Carmen Berenguer y Margarita Drago; the tenderness of Tetyana Dovbnya, Kary Cerda, Sandra Santos, Yrene Santos; the intensity of Tomás M. Galán, Fredy Yezzed, Luz Stella Mejía, Samuel Gregoire, Rodolfo Häsler; the nostalgia of Álvaro Inostroza, Keith Phelthe, and Juana Ramos; the active mythology of Paulo Huirimilla , María Ángeles Pérez, Roger Santiváñez, Paul Dresman, and Paul Forsyth; and the vomiting energy of Eduardo Moga and Jesús Sepúlveda, assure us of a very different and very connected poetic experience at the same time.

You have in your hands an important book because it represents the last visions of a poetic world where normality had been altered several times the eleven of Septembers and Novembers (1973, 1989, 2001), but that had never been given the license to be called like that, without elections or consultations, that we would inhabit a new normality created upon us for seemingly godlike human forces. A normality where AI will be our new paradigm and where social relations will be limited to the pulses of the internet and fiber optics.

Amado J. Lascar

Indran Amirthanayagam

(Ceilán / USA)

Motín

Cuando la multitud enfurecida
se reunió
en la plaza
afuera de

los Tribunales de Justicia,
en el Fuerte Galle,
1958, amigos
ayudaron

al Agente asistente
del Gobierno,
mi futuro
padre, a escapar

de sus manos.
Sin amigos,
él no habría
sobrevivido,

casado; yo
no estaría aquí
para recordar
todo esto.

16 de enero de 2008, Galle

Riot

When the mob
assembled
in the plaza
outside

the Law Courts,
at the Galle Fort,
1958, friends
spirited

the Assistant
Government
Agent, my future
father, out

of its hands.
Without friends,
he would not
have lived,

married; I would
not be here
to remember
this.

January 16th, 2008, Galle

Padre

Los gansos tocaron la bocina en su camino
al otro lado del cielo;
lluvia y viento se reunieron
frío y nublado
el vecindario
el día que murió mi padre.

El día que murió mi padre
mi hermano cantó una canción de cuna
para acompañarlo
en su viaje a lo alto,
a ese territorio
donde dice mi hijo que

él enseñará poesía,
donde digo que los poemas
se freirán como mantequilla
y saltarán, géiseres fuera del hoyo
en el centro del espacio
como si fueran de roca fundida

Mi hijo, nacidos de las entrañas
de cadáveres todavía
carnosos, de los árboles
maduros con vides,
concebidos en la muerte,
martillados en la memoria.

Aquí hay cinturones y pieles,
estampados, destilados,
grabados en las hebillas
y fundas, de hojas onduladas
imágenes, pergaminos,
poemas para sobrevivir a los incendios.

Nos ha dejado su nombre—
que usamos hoy—
y metáforas
que se coagulan y giran

Father

Geese honked on their way
to the other side of the sky;
rain and wind teamed
up cold and befogged
the neighborhood
the day my father died.

The day my father died
my brother sang a lullaby
to accompany him
on his journey up high,
to that territory
where my son says

he will teach poetry,
where I say poems
will fry like butter
and geyser out of the hole
in the center of space
as if from molten rock,

My son, out of entrails
of carcasses still
fleshed, from trees
ripe with vines,
conceived in death,
hammered from memory.

Here are belts and hides,
impressed, distilled,
etched on buckles
and holsters, ola-leafed
images, parchments,
poems to survive the fires.

He has left us his name—
we wear it today—
and metaphors
that curdle and whirl

a través de nuestra conciencia,
cada uno en su propio ritmo

en la muerte lenta de la naturaleza,
en su frenética profusión,
mi padre, tú, nos has dado a
nosotros the «Saving Cup»
y «voces del desierto»
y atrapó «la resaca

de tristeza, que se mece
qué alegría fugaz
hay hoy, o puede alguna vez
haber habido». Ahora, que ya
has visto la visión
que iluminó tu rostro

y lo sumergió sonriendo
en el momento de la muerte
por el altar
del Santísimo Sacramento
en esta iglesia de San Judas,
ahora puedes contarnos

tranquilamente en sueños
mientras tropezamos
con la mañana
y al partir nuestro pan
ese asombroso secreto
lo que nos llevó a salir

de la isla y
a una historia donde
un giro de la cabeza
no hace la sal,
y no caducas
en disparos, o asfixiado

con un neumático, donde
puedes hacer las paces
con Dios y guiar
a tus niños,

through our consciousness,
each one at its own pace

in nature's slow dying,
in its corybantic profusion,
my father, you have given
us "the Saving Cup,"
and "voices from the wilderness"
and caught "the undertow

of sadness, which rocks
what fleeting gladness
there is today, or may once
have been." Now, that
you have seen the vision
that enlightened your face

and suffused it smiling
in the moment of death
by the altar
of the Blessed Sacrament
in this Saint Jude Church,
now you can tell us

quietly in dreams,
as we stumble
into morning
and break our bread,
that awesome secret
which led us out

of the island and
into a history where
a turn of the head
does not make salt,
and you do not expire
in gunfire, or necklaced

with a tire, where
you can make peace
with God and guide
your children,

adora a tus nietos,
ama a tus países —

todos los países
despertado por
tu lectura voraz
como niño y hombre —
los países desde
donde todos los viajeros regresan

— el día que sus padres mueren —

cargados de regalos,

— el día que mueren nuestros padres —

secretos asombrosos

— el día que mueren nuestros padres —

ambrosía, dicha

el día Rasa, el día Guy,
El día que murió nuestro padre.

17 de mayo de 2003

adore your grandchildren,
love your countries—

all the countries
woken up by
your voracious reading
as boy and man—
the countries
from which all travelers return

—the day their fathers die—

laden with gifts,

—the day our fathers die—

awesome secrets

—the day our fathers die—

ambrosia, bliss

the day Rasa, the day Guy,
the day our father died.

May 17th, 2003

La nueva arca

Dos de cada
especie, babosas,
orquídeas —el viento
lleva las semillas—

mariposas, elefantes
de Kandy se unieron
a los cingaleses a bordo
del arca de Sri Lanka,

su estandarte desplegado,
rugiendo, a pesar de las
inclemencias del tiempo
vientos aullando

yakshas afuera,
almas clamando
por descanso, lamentos
de exiliados tamiles.

28 de junio de 2009

The New Ark

Two of each
species, slugs,
orchids — wind
carried the seeds —

butterflies, Kandyan
elephants, joined
the Sinhalese aboard
Sri Lanka's ark,

its banner unfurled,
roaring, despite
inclement weather
winds howling

yakshas outside,
souls clamouring
for rest, lamentations
of exiled Tamils.

June 28th, 2009

Cuerpo de Bomberos

¿Dónde está tu pueblo?
Ardiendo.

¿Dónde está tu pueblo?
Campos minados.

¿Dónde está tu pueblo?
Aniquilado con fuego cruzado,

herido bajo
árboles de la jungla

¿Dónde está tu pueblo?
Corriendo a través de

pantanos, disparado
por la espalda.

¿Dónde está tu pueblo?
Ondeando banderas blancas

manoseado, registrado
supervisado en un campamento.

¿Dónde está tu pueblo?
Reventando a los soldados

que manosean
a otros aldeanos

¿Dónde está tu pueblo?
Toronto, Berlín

Tamil Nadu.
¿Dónde está tu pueblo?

Madagascar como opción
no ha sido discutida.

Fire Department

Where is your village?
Burning.

Where is your village?
Mined fields.

Where is your village?
Blasted in crossfire,

wounded under
jungle trees.

Where is your village?
Running across

marshes, shot
in the back.

Where is your village?
Waving white flags

frisked, registered,
supervised in a camp.

Where is your village?
Blowing up army

friskers,
other villagers.

Where is your village?
Toronto, Berlin,

Tamil Nadu.
Where is your village?

Madagascar as option
has not been discussed.

¿Dónde está tu pueblo?

Hasta la vista,
¡Enviado especial!

¿Dónde está tu pueblo?
Ardiendo.

13 de febrero de 2009

Where is your village?

Hasta la vista,
Special Envoy!

Where is your village?
Burning.

February 13th, 2009

Separar al niño

¿Dónde cultivaste tu política?
Miles de tallos de palma,
hojas y frutas voladas
en bombardeos aéreos, bombas lanzadas
sobre casas y hombres en bicicleta,
lanzacohetes, granadas,
explosiones de Tigres humanos,
civiles intercalados
en tierra de nadie, Nandikadal.
Esta es una respuesta parcial.

Los amigos de mi padre, engendrados
por todas las etnias, lideraron la sociedad,
graduados de escuelas misioneras
en el servicio civil de Ceilán,
después de exámenes basados en méritos,
se convirtieron en una clase impecable
de administradores perdidos para siempre,
nuestros hijos condenados
a la ignorancia monolingüe.
Esta es una respuesta parcial.

Traición a mi padre y
su filosofía de tienda grande de Ceilán,
en el parlamento, cita escabrosa
a Islamabad alegando que se opuso
a Musulmanes, defendiendo al chovinismo de los budistas
cingaleses, criticando las evaluaciones extranjeras
de los métodos de guerra del gobierno
leo, con amargura, uno de sus
amigos urbanos educados en inglés.
Esta es una respuesta parcial.

Separate the Child

Where did you grow your politics?
Thousands of palmyra stalks,
fronds and fruit blown off
in aerial straffing, bombs heaved
on houses and men on bicycles,
rocket launchers, grenades,
human Tiger explosions,
civilians sandwiched
in no man's land, Nandikadal.
This is a partial answer.

My father's friends, sired
by all ethnicities, led the society,
graduated from missionary schools
into the Ceylon Civil Service,
following merit-based examinations,
became an impeccable class
of administrators lost forever,
our children condemned
to mono-lingual ignorance.
This is a partial answer.

Betrayal of my father and
his Ceylonese big tent philosophy,
in parliament, scuttling appointment
to Islamabad claiming he opposed
Muslims, defending Sinhala Buddhist
chauvinism, critiquing foreign evaluations
of government war methods
I read, with bitterness, one of his
English-educated, urbane friends.
This is a partial answer.

Mi madre que fue presa de chismosos
quienes llamaron locura el autismo de mi hermano,
quienes djeron que el padre había volado demasiado alto
en el paisaje, que callaba en Colombo,
sin alardear de tamil,
sin tamil en las placas del automóvil
y viviendo en el barrio correcto donde
los matones no visitarían, incluso
en los años 60, dos años después de 1958.
Esta es una respuesta parcial,

y puedo escribir y escribir
frotando el cristal, convocando
reflejos de las profundidades
de mi tristeza y desprecio. Cómo
los Tigres pudieron haber matado
a los suyos, y ese testarudo
Athulathmudali, como su ancestro
político, aunque de
un partido diferente, Bandaranaike,
una desgracia para el Oxford Union,

un ministro de defensa
lleno de sed de sangre en casa
donde los buenos toman
escocés hasta zozobrar.
Tiempo de guerra, cariño, todo es justo
mientras los civiles tamiles
son mantenidos como rehenes -1983-
o se han mudado a su tierra natal
bajo la tutela del culto al Tigre:
la solución final, una respuesta parcial.

Una brecha en los diques construidos
por trabajo forzado, los Tigres se separaron
hacia el Norte y el Este, traidores
por docenas, ministros convertidos,
en el único gabinete de cien fuertes
conocido por el Hombre en dejarnos
con la gloriosa paz
300,000 civiles abandonados en Jaffna

My mother who suffered gossips
assigning madness to my brother's autism,
who said father had flown too high
in the landscape, who kept quiet
in Colombo, no flaunting of Tamil,
no license plates, and living
in the right neighborhood where
thugs would not visit, even
in the 60s, two years after 1958.
This is a partial answer,

and I can write and write
rubbing the glass, summoning
glimpses of the depths
of my sadness and scorn. How
could the Tigers have killed
their own, that schmuck
Athulathmudali, like his political
ancestor, albeit from
a different party, Bandaranaike,
a disgrace to the Oxford Union,

as defense minister
full of blood lust at home
where the good drink
scotch until they keel over.
War time, baby, all's fair
as long as the Tamil civilians
are kept hostage — 1983 —
or have moved to their homelands
under the tutelage of the Tiger cult:
the final solution, a partial answer.

A break in the dykes built
by forced labor, Tigers split
into North and East, traitors
by the dozen, turned ministers
in the only one hundred-strong
cabinet known to Man to leave us
with the glorious peace,
300,000 civilians left in Jaffna

custodiado por 100.000 soldados cingaleses,
mientras que el lote criminal actual

de gobernantes y sus representantes
afuera, seguidos después del legendario
Kadirigamar que aspiraba a convertirse
en el primero en ser primer ministro tamil,
golpeado por una causa, crimen
inexplicado, sin juicio, sin
llegar a un acuerdo con Prabhakaran
quien martirizó a su propia gente
e Indran que dejó la isla
cuando niño, escribiendo esta fábula ahora.

Traducido por Amado J. Láscar

guarded by 100,000 soldier Sinhalese,
while the current criminal lot

of rulers and their representatives
abroad, followed on after the fabled
Kadirigamar who aspired to become
the first Tamil prime minister,
bumped off for a cause, murder
unexplained, unprosecuted, without
settling on terms with Prabhakaran
who martyred his own people
and Indran who left the island
as a child, writing now this history.

Manlio Argueta

(El Salvador)

POST CARD

Mi país, tierra de lagos, montañas y volcanes,
    pero no vengas a él
    mejor quedas en casa.
Nada de mi país te gustará. Los lirios no flotan
    sobre el agua.
Las muchachas no se parecen a las muchachas
    de los calendarios.
El hotel de montaña se cuela como una regadera.
Y el sol ¡ah, el sol! Si te descuidas te comemos en fritanga.
Los niños y los perros orinan en las puertas de las casas.
Los mendigos roban el pan de los hoteles:
    Puedes morirte de hambre,
    Puedes morirte de cólera,
    Nunca de muerte muerte.

Luego los francotiradores, las bombas en los automóviles,
    los puentes dinamitados.
Cierra la puerta a las tres de la tarde.
Con dinero no salgas a la calle, no te pongas reloj:
Puede salirte un ladrón
y timarte con el premio de la lotería.
Ah, y cuida de decir que mi país es una mierda,
te amarraríamos a un poste de la esquina
    y te violaríamos,
¡después te sacaríamos las tripas de una cuchillada!

Cuida que no te coja un cambio de gobierno,
¡válgame Dios! Mejor quedas en casa.

Pero mi país es tierra de lagos, montañas y volcanes.
Si sales dos kilómetros fuera de la ciudad
te encontrarás con tigres y culebras,
Avispas ahorcadoras, escorpiones, arañas.
Es preferible estar en la ciudad
    y respirar el humo de los autobuses,
escuchar el claxon de los automóviles
o el pregón de los vendedores ambulantes.

POSTCARD

My country is a land of lakes, mountain and volcanoes
    But you'd better not come here.
    Stay home.
You won't like it here. No water lilies float
    on our lakes.
The young women don't look like
    bathing beauties.
The roof in the mountain inn leaks like a sieve.
And the sun, the sun! If you aren't careful you'll fry like a fritter.
Kids and dogs pee in the doorways.
Beggars steal bread in the hotels:
    you can die of hunger
    you can die of rage
    never of death death.

Don't forget the snipers, the car bombs,
    the exploding bridges.
Lock your door at three p.m.
If you go out, don't take your wallet, don't wear your watch:
a thief might mug you
and snatch your lottery prize.
Oh, yes, be careful not call my country a shit hole,
we'll tie you to the lamp post on the corner
    and rape you
and rip your guts out with one slash.

Make sure you're not around for a change of government
I swear to God, you should stay home.

But my country is the land of lakes, mountains and volcanoes.
Drive two kilometers out of the city
and you'll meet mountain lions and snakes,
giant wasps, scorpions, and spiders.
Best to stay in the city
    and fill your lungs with bus fumes,
and listen to car honking
and street vendors yelling.

Mi país, tierra de lagos, montañas y volcanes
Pero no vengas a él si deseas conservar la vida.
      Puede morderte una culebra.
      Puede comerte un tigre
Mejor quedas en casa y no gastas en hotel ni en avión.
Te sacaríamos los ojos y te los comeríamos.
O una bomba, una bala perdida,
      una flor con dinamita.
Y tus huesos comidos por las hormigas…
Y tus huesos comidos…
Y tus huesos…
y tus… y…

1968

My country is a land of lakes, mountains and volcanoes.
But don't come here if you want to go on living.
    A snake might bite you.
    A mountain lion might eat you.
Just stay home, don't pay for a plane ticket or a hotel room.
We'd pluck out your eyeballs and gobble them up.
Or there might be a bomb, a stray bullet,
    a flower with dynamite.
And your bones devoured by ants…
And your bones devoured…
Your bones…
And your… and…

1968

Translated by Stacey Ross

LOS GARROBOS

Los garrobos crecían en los árboles
pero llegaron los venenos.
Las hojas amarillas
dejaron de morir a pausas.
Cuelgan los frutos secos
suspendidos en las ramas altas.
Ríos sin agua. Tierra desolada.

Los garrobos crecían en los árboles
pero llegaron los venenos
a destruirlo todo. Llegaron
con ganas de matar. Los aviones
vuelan sobre los árboles.

De los garrobos sólo quedan
sus dientes,
sus huesecillos de madera.

LOS GARROBOS

The garrobos were thriving in the trees
But the furies came.
The yellow leaves
Finally stopped dying.
Now withered fruit
Dangles from high branches.
Dry rivers, desolate land.

The garrobos were thriving in the trees,
but the furies came,
bent on killing,
destroying everything. Planes
hover above the trees.

All that's left of the garrobos
is their teeth,
their delicate wooden bones.

Translated by Stacey Ross

MAMÁ

> *Si algún sentido tiene el concepto patria,*
> *hay que buscarlo en las madres de este país…*
> *ellas son, sin duda la patria ofendida.*
>
> Ítalo López Vallecillos

Mamá querida. Oración por todos.
Llena eres de gracia como las primeras lluvias
        que originan las primeras milpas.
Vendedora de los mercados. Mamá comprando
botellas de puerta en puerta. De zaguán
en zaguán. Mamá puta. Mamá corriendo por las calles
con los policías detrás. Mamá como son las cosas
cuando son del alma. Buscadora de tesoros
        en los basureros.
Mamá viajando en tren con grandes canastos
de frutas maduras. Mamá estupenda.
Mamá con la cara pintada de arco iris.

Cortadora de café.
Mamá que recoge flores en los caminos
para ponerlos en floreros de hojalata.
Mamá constante. Mamá enferma.
Mamá Virgen María madre de Dios.
Nombre sagrado como los venados o los volcanes.
Mamá de velas encendidas al Santo Niño de Atocha
y a San Antonio lindo. Mamá por esas calles
        oscuras.
Mamá de la Unión de Pobladores de Tugurios.
Vendedora de atol shuco y semita de piña. Mamá
desfilando por las calles con pañuelitos
        de papel periódico
para cubrirse del sol ardiente. Mamá
y su bolsa de fríjoles fritos
y tortillas. Mamá vergona. Mamá descalza.

MOM

> *If there is any sense in the concept of homeland,*
> *we must look for it in the mothers of this country...*
> *they are, without a doubt the offended homeland.*
>
> Italo López Vallecillos

Dear mom. Prayer for all.
You are full of grace like the first rains
      that originated the first cornfields.
Market seller. Mom shopping
bottles door to door. From hallway
to hallway. Whore mom. Mom running through the streets
with the police behind. Mom how are things
when they are from the soul. Treasure hunter
      in garbage cans.
Mom traveling by train with big baskets
of ripe fruits. Super mom.
Mom with a rainbow-painted face.

Coffee cutter.
Mom picking flowers on the roads
to put them in tin vases.
Constant mom. Sick mom.
Mother Virgin Mary mother of God.
Sacred name like deer or volcanoes.
Mom of lit candles to the Holy Child of Atocha
and pretty San Antonio. Down those dark streets
      Mom.
Mom of the Union of Slum Dwellers.
Saleswoman of *atoll shuco* and *semita pineapple*. Mother
parading through the streets with scarves
      newsprint
to cover themselves from the burning sun. Mother
and her bag of fried beans
and tortillas. Shameful mom. Barefoot mom.

Mamá trabajadora. Mamá lista para salir corriendo
por si hay balazos. Jornalera del algodón bajo el sol
            agrario de la costa.
¿En dónde estás? ¡Hola mamá! Mala madre.

Arrurrú niñito que tengo que hacer. Día tuyo.
Día muerto de hambre. Mamá suplicadora
para que liberen a mi hijo.
            Él no les ha hecho nada.
Mamá en la morgue. Mamá mía. Mamá buscando
entre los muertos. ¡Cállese vieja puta!
Mamá voy a regresar tarde, pero no se sabe.
Mamá Virgen María a secas. Mamá diciendo
Es el cuerpo el que me tiembla no el espíritu.
Un día primero Dios has de quererme un poquito,
yo levantaré un ranchito donde vivamos los dos.
Mamá devuelvan el cadáver de mi hjoo.
            Mamá hombre.

Mamá padre, mamá abuela, abuelo. Mamá, mamá.
            ¡Tu madre!

Buenos días mamá. Buenos días universo entero.

Working mom. Ready to run away/ Mom
in case there are bullets. Cotton day laborer under the sun
        agrarian of the coast.
Where are you? Hi Mom! Bad mother.

Sleep my little boy that I have to do. Your day.
Starving day. Supplicant mom
to release my son.
       He has done nothing to them.
Mom in the morgue. Mommy. Mom looking
among the dead. Shut up old bitch!
Mom, I'm going to be back late, but you don't know.
Mom Virgin Mary period. Mom saying
It is the body that trembles me, not the spirit.
First day of the month God you have to love me a little bit,
I will build a little ranch where we both will live there.
Mom return my son's corpse.
       Mom man.

Mom father, mom grandma, mom grandpa. Mom, mom.
       Your mother!

Good morning mom. Good morning whole universe.

Translated by Carli Henman

Carmen Berenguer
(Chile)

CRONICA DEL AMERICAN AIR

Volar entre las nubes es un
triste estado para una poeta romántica
devota del paisaje de la poesía chilena
Sin esta ciega cacería actual del ojo que nos consume
desde la revolución que produjo el primer vuelo poético en Altazor
a este súbito júbilo provocativo de navegar por el ciberespacio
Es la celebración constante del porvenir
Como es entrar en los aeropuertos internacionales
e ingresar fatídicamente a un espacio laberíntico más tenebroso
que a un videogame o a un simulacro de vuelos intensivos en la
noche simulada
La idea del viaje siempre es inquietante
Es toda una aventura
donde se puede cumplir una parte de nuestro imaginario como
dejar al voleo lo inesperado
Aquello que quedó rezagado en algún confín de la memoria
Como aquel hallazgo de una siesta en la casa de reposo en Hungría
Lo querido
como si entrara a una sala de cuidados intensivos
No es la historia del tren de ese humo tal ruido aquel fragmento novelado la
imagen detenida de ese «fade»

Mientras te mueves en una vía
lentamente
Aquí, al entrar al aeropuerto
la imagen
desaparece antes de pasar a policía internacional
borrándose hasta mi decir ¿Cachay?
Ese lapsus apegado a la lengua
Y allí comienza la odisea del sueño de mi viaje
de la utopía del viaje

Porque de una vez y para siempre
me encuentro en una frontera sin fronteras
inevitablemente
en la existencia real de perder todos los derechos
que fueron escritos en el derecho constitucional Art. XX de un remoto país

AMERICAN AIR CHRONICLE

Flying through the clouds is a
sad state for a romantic poet
devoted to the landscape of Chilean poetry
Without the eye's blind hunt which consumes us
since the revolution that produced the first poetic flight in Altazor
to this sudden provocative glee of navigating cyberspace
It is the constant celebration of the future
How it is to enter international airports
and fatefully set foot in a labyrinthine space darker
than a video game or a simulated intensive flight in the
simulated night
The idea of travel is always disturbing
It is quite an adventure
where a part of our imagination can be fulfilled, like abandoning the
unexpected
That which was left behind in some confine of the memory
Like finding a nap in the nursing home in Hungary
Wanted
as if entering an intensive care unit
It is not the story of that train of smoke, that noise, that false fragment,
the still image of that *desaparición*

While you move along a track
slowly
Here, upon entering the airport
the picture
disappears before arriving at TSA
erasing even my saying, Cachay?
That slip of the tongue
And there begins the dream odyssey of my trip
of the utopia of travel

Because once and for all
I am on a border without walls
inevitably
facing the reality of losing all my rights
that were written in Art. XX in the constitution of a remote country

Aquí
pierdo la total compostura
trajinada
revisada
manoseada
a pie pelado
con los zapatos en la mano
sin nada apelando a mi suerte
Aquí
Es el comienzo de la pérdida de mi seguridad
Al entrar a cualquier aeropuerto del mundo globalizado
Me siento desnuda en este espejo mirando al otro
que soy yo misma
Envuelta en unos códigos cada vez más previsibles
Y si por ventura
mi cuerpo emite alguna señal de metales
todos piensan
aunque sea por un segundo
que eres un bandido
un narcotraficante
un asesino
un ladrón
En síntesis
un perseguido por la ley
Y siento
las persecuciones
los miedos
las pesadillas
en el tormento de vivirlas de una sola vez
Y en segundos una ráfaga en el inconsciente me paraliza
como coneja
con ganas de echarme a correr
desesperadamente
como si fueras el delincuente que siempre soñaste no ser
Y nos disponemos
A pasar a esa llamada sala
la sala de espera
que hay en todas partes
en todas partes donde he esperado al puto dentista
con esa música que adormece los sentidos

Here
I lose my composure
rushed
examined
groped
bare foot
with my shoes in hand
with nothing appealing to my luck
Here
Is the beginning of my loss of security
When entering any airport in the globalized world
I feel naked in this mirror looking at the other
Who is me
Wrapped in increasingly predictable codes
And if by chance
my body sets off the metal detector
everyone thinks
if only for a second
that you are a bandit
a drug trafficker
a murderer
a thief
In short
one fleeing the law
And I feel
the persecutions
the fears
the nightmares
in the torment of living them all at once
And in seconds a blast in my unconscious paralyzes me
like a rabbit
wanting to run away
desperately
as if you were the criminal you always dreamed you would not be
And we must
go to that room
the waiting room
that is everywhere
Everywhere I waited for the fucking dentist
with that mind-numbing music

que he escuchado en el supermercado y en todas las salas de los
hospitales
manicomios
casas de tortura
con hartas tiendas y cafés
a hacer como si
Como si toda tu miserable esperpéntica vida
dependiera de una espera más
Y que silenciosamente
como una borrega humana
apenas
en tonos audibles
pudiera oírte como la expresión de todas las prohibiciones de la comunicación

Hablar bajo
Murmurar en el salón de espera
para que la ansiedad y la angustia
se exacerben en un mutismo enervante
Cuando llega el vuelo
estoy drogada con la musiquilla de esas pobres esferas
y pueden pasarme por encima
que seguiré escuchando esa musiquilla preparada
para ser transportada
Pero antes
te ordenarán la entrada de acuerdo a tu numeración
no subirán primero los niños
o los viejos
sino
aquellos señores de corbata ancha y maletín que entran ufanos
en clase ejecutiva
y van por delante y se sienten superiores
porque pueden arrepatingarse a destajo
estirar el cuerpo
ser servidos como príncipes modernos
Y al pasar por sus asientos anchos
confortables
donde puedes pearte con holgura
vuelves a sentir congoja
Porque estarás pegado al vecino
como si fueran gemelos en la barriga del avión

that I have heard in the supermarket and in every room of
the hospitals
madhouses
torture houses
filled with shops and cafés
to pretend
As if your whole miserable gruesome life
depended on one more wait
And that silently
like a human sheep
barely
in audible tones
I could hear you as the expression of all forbidden communications

Speak softly
Gossip in the waiting room
so that anxiety and anguish
exacerbate into enervating mutism
When the flight arrives
I'm high on the music of those sorry places
and they can pass me over
I will continue listening to that tune ready
to be transported
But before
they will order you to enter by number
children will not board first
nor will the elderly
only
those gentlemen with wide ties and briefcases who enter business class
with pride
and they go ahead and feel superior
because they can get comfortable
stretch their bodies
be served like modern-day princes
Upon passing their wide seats
comfortable
where you can fart with ease
you feel sad again
Because you will be glued to your neighbor
like twins in the belly of the plane

en posición fetal
sin posibilidad alguna de estirarte
Pensando
en un estado de idiotez entregada al destino
quizás hasta orgullosa de ser alguien que tiene
la posibilidad de mover el trasero por el mundo
Estás en sus manos
en un artefacto que debe vencer la gravedad de la tierra
Entonces, cuando el motor pone toda su potencia
y sientes toda la fuerza del avión
en tu cuerpo
al llegar a los 30.000 pies de altura o más
pasando por la algodonera de nubes tocando el techo
en las espesas corrientes de viento
con la angustia que estás deslizándote gracias al aire

Encerrada en posición fetal
sin poder moverte
sin posibilidad de fuga
La ansiedad te envuelve de nuevo
deseando ardientemente:
fumar
succionar
aspirar
Y me siento una beba gorda en la sala cuna del avión
con hambre
mucha hambre
necesidad de afecto
por una mirada conmiserativa
de la bruja de la asistente
quién me tirará unos platillos
hechos en serie multiinternacional
recalentados en el microondas
que sabe al sabor híbrido del siglo XXI
al sabor transgénico del porvenir
Porque después del sabor a todo y a nada de la comida
Macrobiótica
viene a cumplirse otro de mis deseos reprimidos
darle rienda suelta a
la compra liberada de impuestos

in fetal position
no chance to stretch
Thinking
of a state of idiocy handed over to fate
maybe even proud to be someone who has
the possibility of moving their butt ass around the world
You're in their hands
in an artifact that must defy earth's gravity
Then when the engine puts forth all its power
you feel the full force of the plane
in your body
at 30,000 feet or more
going through the cotton fields of clouds touching the ceiling
in the thick currents of wind
With the anguish that you are gliding thanks to the air

Locked in a fetal position
unable to move
with no chance to escape
Anxiety envelops you again
ardently wishing:
to smoke
to suck
to breathe
And I feel like a fat baby in the airplane nursery
hungry
very hungry
with need for affection
for a sympathetic look
from the flight attendant
who will throw me some dishes
made en masse multi-international
reheated in the microwave oven
which taste like the hybrid flavor of the 21st century
like the transgenic flavor of the future
Because after tasting everything and nothing, of the
Macrobiotic food
Another of my repressed wishes comes to be fulfilled
to unleash
the tax-free purchase

Allí toda la libertad del mundo al entregar tu sello plastificado y
dorado
entre las compras del Duty Free
enloqueces libre por las bagatelas
para los labios
el perfume
en un estado de consumo interior
me viene repentinamente un deseo de cagar

cagar en el vuelo
mojonear el aire
soltar el esfínter
como una regordeta bebita chilena
antes de dormirme en posición fetal
boqueándole las babas al gemelo de viaje

Siento un verdadero pánico a volar a las alturas a la velocidad a la oscuridad a los autos a la turba a los buenos a los vientos a los rayos al sueño a las escaleras mecánicas a los elevadores a cruzar

There is all the freedom in the world upon delivering your laminated
gold seal
between Duty Free purchases
you go wild for trinkets
for lips
the perfume
in a state of internal consumption
I suddenly have a desire to shit

shit on the flight
shit in the air
let loose the sphincter
like a plump chilean babe
before falling asleep in fetal position
drooling on my neighbor

I am truly afraid of flying, of heights, of speed, of the dark, of cars, of the mob, of the good ones of the wind, of lightning, of dreams, of escalators, of elevators, of crossing

Translated by María Elena Blanco

BARRO

Se veía luminoso una chatarra cruzar el desierto tenía la duda con el agua fría bajado el río esa no era más que un fierro viejo como un sol para la iglesia de ella de guarda en la iglesia salieron los retratos verás los santos de las divisiones y una virgen nortina diciendo esta posición a la dirigente viendo con lágrimas en los ojos viendo los ojos como tristes llenos de sangre inyectados en sangre la virgen del norte la virgen de los poseídos por virgen de los bailes le dicen de la tirana de julio el verano del alto lluvioso bajaba a los bailes viendo en medio del silencio después que había bajado el barro como una procesión de cuerpos embarrados y cosas embarradas y casas llevadas arrasadas por el barro entreviendo entre medias capas del primer barro capas de la segunda bajada del barro capas de barro liviano capas de barro se podía ver entremedio villas y brillos y grillos y challas del carnaval último y villas y grillos y pelos y plumas y pieles y la pilla a la jessica todo el barro en el ropero los veladores algunas cobijas que habían ido por mano donde doña erlina quedó adobe esa mezcla suave y salobre entrando salobre salar las lágrimas del norte en las arenas lloradas con inmensidad capas de ponchos rojos llorada la casona vieja fraguada de barro nortino resortes del emporio estallaban en ondas siniestras en la nortina madrugada bajaba salobre y el anillo estallaba al sol en el dedo de la mariana reciencito enmatrimoniá refulgía ese sol utópico en su dedo brillante dorado y brillaba el cristal de una copa rota el camión de ramoncito el cholo en ese río de barro no se veía su figura en la ventana arrasados el barro ese río de aguas cafecitas iluminaba el sol un pedazo de pimentón verde altisonante bajaban por la calle del poblado raudos pasaban entremedio del barro un pescado de río iridiscente detrás de los muebles embarrados de la casa de los Mamani embarrada bajaban con ruido de barro bajando la calle del norte bajaban las aguas embarradas las guirnaldas tricolores con un solo ojo negro abierto y sin vida muerto bajo el barro seis de ellos bajaron corrientitos enlodados se ve la rueda de la bicicleta y los cuerpos de los perros del norte justito en la bajada del invierno boliviano la ropita embarrada de lodo la ropita de mi niña de añitos era blanquito su vestidito iba el plumón con ellos los trajecitos de mi linda hijita y sus aritos de oro recién inaugurados de su comunión el librito nacarado con los santitos y las flores de papel plateado brillaban en el barro dolían los ojos de ver la bajada de las aguas cafecitas norteñas ayayaicito aquí bajito corre la gata amarilla arrasada embarrada se le ven los ojos abiertos amarillos como el sol del desierto muertos por las bajadas del invierno que vino a caer mi maita pa acá con su huaiñito y la tv viene y vienen las linternas y vino la ropa de cama y la cocina y las zapatillas y las sillas la mesa el velador el roperito entero la casa los plásticos del techo se vino guarda abajo y corrimos y corrimos del rio rezando

MUD

Crossing the desert I saw a piece of junk I doubted in the cold water of the river that it was no more than an old gun like sun for her church guarded therein left the portraits of the saints of the divisions and a northern virgin telling the leader her location seeing with tearful eyes blood filled, blood shot, the northern virgin the virgin of the possessed the virgin of dance seeing in silence after the mud had receded a procession of mud-covered bodies and mud-covered things and houses destroyed by mud seeing in between layers of the first mud layers of the mud's second draining, layers of light mud you can see between the layers villas, shiny things, crickets, shawls from the last carnival, villas, crickets, down, feathers, leathers and Jessica, all of the mud in the wardrobe and the nightstand some quilts made by the hands of Doña Erlina left in the mud that smooth saline mix salts the tears of the north in mourned sands, capes of red ponchos mourned the old mansion forged in northern clay shopping centers shattered in sinister, brackish waves in the northern dawn and the ring refracted the sun on Mariana's finger, recently married, the utopian sun gleamed on her gilded finger and shined on the glass of a broken cup Ramon's truck in this muddy river I do not see him el cholo in the broken windows destroyed by that coffee-brown river the sun glimmered on a grandiose green pepper from the town they went down to the streets quickly they passed within the mud an iridescent fish behind the Mamani's muddy furniture loudly, covered in mud they went down the northern street the murky waters lowered the tricolor garland with only one eye open black and lifeless the mud took six of them under the muddy waters lowered there is a bike wheel and the bodies of northern dogs in the descent of the Bolivian winter the tiny muddy clothes the clothes of my little girl her dress was downy and white my daughter's dress and her golden hoops, brand new, a first communion gift and the pearly book of saints and the metallic paper flowers shined in the mud my eyes hurt to see the receding of coffee-brown northern waters ayayaycito here swims the yellow fish covered in mud with eyes yellow as the desert sun left dead by the winter frost my mother came to pass there with her huañito and the TV comes and the lanterns came and then came the linens, the kitchen, the shoes, the chairs, the table, the nightstand, the whole wardrobe, the house, the roof tiles it all came down and we ran and ran from the river praying, shouting *ave maría*! save us! from this winter which has come to pass if we may still have something in the sky's weeping which has taken my mother from us I flushed with sadness with my mud soaked taquitos devastated and tearful I cry I saw it all pass and the

gritamos ¡ave maría! ¡Sálvanos! de este invierno que vino a caer si apenas tuvimos algo, en esta gran llorada del cielo que ha embarrado nuestras vidas mi mamita yo arrebatada de tristeza con mis taquitos de barro asolada de lágrimas puro llorar varada los vi pasar y se nos abrió el socavón y el aluvión y nadita la tierra se los tragó y yo vide este aluvión días y noches en pura enagüita corrí sin calzones salpicada tuvimos algo, en esta gran llorada del cielo que ha embarrado nuestras vidas mi mamita yo arrebatada de tristeza con mis taquitos de barro asolada de lágrimas puro llorar varada los vi pasar y se nos abrió el socavón y el aluvión y nadita la tierra se los tragó y yo vide este aluvión días y noches en pura enagüita corrí sin calzones salpicada de barro por el cuerpo corrí y corrí detrás del nacho que desapareció esta noche negra más negra vide negro azulado tinte y la lágrima ennegrecida de tanto arrullo cayeron en el desierto abajo y se secaron toítas mis lagrimadas llorando secas las retratos de la familia el juanco con el bigote recién cortado para la boda con la elsira arrebatada de su historia el pico del periquito las lanitas de las llamitas recién hechitas por las manitos de las tiitas del alto cubiertas por el agua café iban ante mis ojos espesando el agua a llegar en barro el burro se le veían sus cuatro patas pasando por el ojo como si nos diéramos vuelta en la cama y empezara otra vida la cuna de la guagüita quien le regalara la cuadra para la niña esa niña de mis ojos que vino a nacer la noche del barro Rosa Alba de cachetes rojitos la alcanzaron a salvar antes que arrasaran el resto que iba desapareciendo ante mis ojos que vide el desengaño de este suelo que nos cobijó años cuando arrancamos del otro aluvión donde perdí a toa mi familia solo quedó viva la del toñuco y nos arrastraron pal Inti siempre sale y alumbra pero ese día salió y relumbró la madrugada al mediodía era puro fuego

sinkhole opened and swallowed everything I saw this allium full of water day and night I ran without underwear my body spackled with mud I ran and ran after Nacho who disappeared into the black night darker even than navy blue dye and tears blackened from my weeping fell to the desert below and dried the family portraits weeping dryly Junaco, with his mustache freshly trimmed for he and Elsira's wedding, his story carried away the beak of the parakeet the fresh wool of llamas made by aunts' hands covered in coffee-brown water thickening before my eyes until becoming mud I saw the donkey's four hooves pass by a new life began as if we had turned over in bed, the crib gifted to the little girl, the girl I saw being born the night the mud rose *Rosa Alba* rosy-cheeked they saved her before the rest was destroyed, disappearing before my eyes I saw the disillusion of this land which sheltered us when we moved from another sinkhole where I lost my entire family only the Toñuco remained and we dragged them for Inti who always comes and shines but left today and the dawn, by noon, was pure fire

Translated by Jim Nally

Kary Cerda

(México)

Pacto de piedra

> Para Alex Honnold
>
> *En mi voluntad arde un pájaro oscuro*
> José Carlos Becerra

Escalo tu nombre en solitario
grieta a grieta
las hendiduras me permiten avanzar

el granito que te nombra
aún guarda rumores
de magma y sedimentos

sin amarres ni artificios
me introduzco en tus fisuras

cautivada asciendo
asumo el ritmo con mesura

de mi serenidad
depende la maniobra justa

Me deslizo entre tus paredes
fusión y pertenencia

la intimidad al mando
desdibuja los límites

entre la piedra y yo
no hay lugar para la hoguera

Me inscribo en tus cercanías
la altura me invita hacia lo incierto

Stone Covenant

> To Alex Honnold
>
> *In my will burns a sombre bird*
> José Carlos Becerra

I scale your name by myself
crevice by crevice
passing through the cracks

the granite with your name
still holds rumors
of magma and sediment

without mooring lines or artifices
I enter your fissures

enchanted ascending
I begin with rhythmic moderation

on my tranquility
the exact maneuver depends

I slide between your walls
fusion and belonging

intimacy in charge
blurring the limits

between the rock and myself
no space for the campfire

I engrave myself in your densities
the elevation inviting me to the unexplored

desdeño abismos
balanceando mis caderas
sobre tus cornisas

dejo el suelo
hacia donde escasea el oxígeno

como una promesa
el horizonte vertical destaca tus contornos

sólo una pared infinita
en todas direcciones

y a mis espaldas
vacío incalculable

enclavada
en la sobriedad
de lo pétreo

me adhiero sin recato
a tus paredes

Perturbados los cimientos
la piedra me enraíza a fronteras
donde no existe renuncia

tu estampa
cuestiona inmensidades

un resorte tenso
arraiga la sed
de amanecer a la intemperie

tu geografía
me acerca al límite

deseo rozar el borde
yacer a cuerpo entero sobre la piel caliza de tu cima

I abhor abysses
swinging my hips
over your ledges

I leave the ground
onward where oxygen is scarce

like a contract
the horizon outlines your silhouette

only an endless wall
in all directions

and behind my back
immeasurable emptiness

nestled
in stone
sobriety

I cement myself without trepidation
to your walls

Disturbed foundations
the stone embeds me in the borders
where there are no resignations

your imprint interrogating me
relentless questioning

a taut band
thirst settles in
at dawn under a clear sky

your geography
brings me closer to the edge

I want to reach the brink
laying skin-to-skin at your limestone peak

En tus pliegues
el relato geológico
suscribe sus ínfimas verdades

acierto a desglosar enigmas
sufro y renazco

lo nuestro son procesos ígneos

desnuda frente al acantilado
atrapada en el silencio mineral
descubro tu torso de granate y cuarzo

Durante milenios
glaciares y avalanchas pulieron tus asideros

aprendiste el frío
que deshuesa las palabras

el viento innumerable
murmura salmos
en su lenguaje insolente

deseo transmutar
la mole

inaugurar el vuelo

recorrer las crestas
de tu nombre

cantarlo a cielo abierto

Inmóvil
desplante vertical

atrapado
en el fatal enclave
de la invulnerabilidad

In your creases
the geological story
commends your trifling truths

I dismantle mysteries easily
I suffer and am reborn

ours is an igneous process

naked on the cliff
trapped in the metallic silence
I find your garnet and quartz frame

For thousands of years
glaciers and avalanches smoothed your edges

you mastered the cold
that picks apart words

the countless zephyrs
whispering psalms
in their contemptuous discourse

I aim to metamorphose
the mole

to launch into flight

to look over the summits
of your signature

to serenade it in the open sky

Paralyzed
vertical liberty

stuck
in the cataclysmic enclave
of conservancy

nada estrecha tu altivez

aterrado
resultas inigualable
para desatar ventiscas

Debilitada
me recompongo
este no es lugar para caídas

aquí no hay camposanto
ni las barcas
de Caronte acceden a estas costas

en estas alturas
no cabe el desplome

desciendo parajes escarpados
cuando por las noches
como la vela de un mástil impotente
volteo mi cuerpo hacia tus besos

He blanqueado mis manos
para no resbalar por tus vértices

también dejé libre
el tintineo de la cintura
para trepar tus laderas

no hay campanarios en la lejanía
no pido ayuda ni sé rezar

cuerpo a cuerpo
sin fisuras en la entrega
bailamos

nothing reduces your arrogance

astonished
you emerge unmatched
to unleash blizzards

Depleted
I replenish myself
this is no time for collapse

there is no graveyard here
nor the ferries
of Charon arriving at the coasts

at these altitudes
there's no room for failure

descending steep landscapes
while at night
like the sail of an impotent mast
my body twists toward your kiss

I have chalked my hands
so as not to slide down your peaks

I also set free
the tinkling of the waist
to climb your slopes

there are no bell towers in the distance
I can't ask for help or recite prayers

hand-to-hand
seamless salvation
we danced

Amanece
sobre los riscos

la luz acaricia tu espalda

una camisa diáfana
sobre el ámbar recién lavado de tu piel

las vetas multiplican
ocres y terracotas

tu sangre de cristal
amplía el espectro

Compartimos la aurora
no los secretos

por la tarde
tu cuerpo se remodela

liberas cargas
algarabía de polvo y grava

toneladas de granito
llueven sobre el valle

Quisiera fundirme
desafiar lo indescifrable

eso innombrable
que contra todo orden
me empuja hacia ti

aferrada a tu superficie
celebro
imperfecciones y rupturas

ligeros movimientos
en la base
reacomodan el centro

Daylight breaks
over the cliffs

the light caressing your back

a sheer shirt
over your fresh, amber-washed skin

the veins expand
ocher and terracotta

your crystal blood
intensifies the spectrum

We share the dawn
not secrets

in the afternoon
you refurbish your body

dumping loads
littered with dust and gravel

tons of granite
rain down over the valley

I would like to smelt together
confront the indecipherable

the unmentionable
that against all odds
push me towards you

clinging to your surface
I rejoice
defects and fractures

slight movements
at the base
rearrange the center

Recuerdo
el desconcierto
cuando abrí tu pecho
para hacerle frente a mis angustias

tu pelo
como la noche
destellaba negrura

sobre tu rostro entre mis manos
labré montañas y cordilleras

Sigo adelante
no voy a parar

no permaneceré atrapada
en tu pecho

una oquedad donde cabe
esta mirada
que te intuye palpitando
bajo el clamor que todo lo petrifica

la lluvia erosiona el campo florido
con el peso inequívoco
del cobre y del silicio

se ensancha sin remedio
la grieta
que me separa de tu nombre

I remember
the stupor
when I cracked open your chest
to face my anguish

your hair
as the night
would brandish darkness

over your face between my hands
I carved mountains and ranges

I carry on
I will never stop

I will not remain trapped
in your heart

a hollow where
this stare fits
that premonishes you pulsating
under the dizzying cry that stupefies all

the rain erodes the floral meadow
with the undeniable density
of copper and silicon

it widens without relief
the crevice
that separates me from your name

Translated by Margaret Saine

Tetyana Dovbnya

(Ucrania)

Кинолента

Нить мыслей и ощущений, случившихся со мною одним далеким вечером ранней зимой в Киеве, по пути с Золотых Ворот до Булгаковского дома – старого разваливающегося здания, что служило убежищем для нескольких художественных студий и заблудших душ. Я всегда знала секретный код к его древним дверям, открывавшим другой способ быть в этом мире. И там всегда был друг, который был рад меня видеть и разделить одиночество, который хотел того же, что и я… нет, и любовь здесь ни при чем, скорее это было желанием сохранить о ней память…

Вечер, я плыву по городу.

Я движусь смотреть кинематографический сон.

Проявляю кадры в темноте:

Что-то цветное.

Что-то дышащее.

Живое.

Струящееся.

Что-то колышущееся изнутри.

Я чувствую робкую жажду откровения.

Проявляется застенчивая, но упрямая воля

Немного побыть, послушать голоса.

В этом желании есть что-то сильнее меня.

Что-то неумолимое и абсолютное.

В нём есть одна правда – оно настойчиво и победоносно.

Оно движет мной, так естественно, так непроизвольно!

Оно всегда ритмично и непредсказуемо.

Это состояние - танго!

На паркетном хрустящем полу – дерзкое и восторженное.

Под хруст осколков бокалов для шампанского и льда.

Под нервный хохот ликующей, давно опьяневшей,

Абсолютно неуместной здесь толпы –

Тонкое изящество танца вопреки загорающемуся поблизости рассвету.

Это полнейшее проникновение.

Чувствование себя вне себя.

Оно внезапно охватывает меня.

То единственное, чем я могу быть ведома.

Я замираю перед началом исполнения этого безумия.

Оно передаёт мне тайну и ведёт меня к месту,

Где можно придумать картину и раствориться в ней оттенком,

Не привлекающим взгляда ценителя.
Это уже где-то было –на затёртых плёнках,
Пылящихся на чердаке бессмертия вечной любви.
Я несу это с собой, искрящимся серебром.

Огни. Чёткость быстро меняющихся,
Бегущих в определённом направлении пешеходных переходов
Нелепая угловатость обыкновенности происходящего вокруг.
Необъятность различий между моментом
когда-то тогда, сейчас и когда-то потом.
Рассеянность рассудка.
Невозможность соединить нити памяти прошлого
И остроты настоящего в один комок.
Их витиеватое переплетение на грани удушья.
Разлаженность способов казаться этому миру.
Я продолжаю идти в ночь.

Неуклюжесть передвижения по времени – сверить бы часы, что ли?
Мне не вместить испытуемые ощущения в оболочке одного тела.
Головокружение и желание бежать по крышам.
Блики фонарей на мокром асфальте.
Высокое небо. Но пустое и тёмное. Какое-то безликое и бездонное.
Небо - словно древний колодец.
Оно хранит тайну, которую лучше не трогать.
Плыть по улице человеком –
Живо ощущать постороннюю безучастность.
Подставлять лицо громким каплям дождя -
Избегать навязчивости раскрепощённого смеха.

Колышутся вокруг бурные раскаты вечерней столицы.
Назойливость автомобильных парадов
И механический треск обрывков
Звенящих в ушах разговоров
Нагло блестящих разодетых прохожих.
Раздражение и неумение ходить рядом.
Я хромаю с гримасой на лице.
Всё одинаковое. Везде. Меняются лишь декорации.
Тотальность абсурда движения лиц.
Я чувствую острую необходимость
Продолжать идти дальше.

Энергично, я шагаю вперёд!
Слушаю ритмичный стук собственных каблуков —
Еле заметных и быстро бегущих на зов призрака,
Уносящих меня далеко от возможности
Пережить непереживаемое. Еще один поворот —
И снова мираж оживает полуразрушенным домом.
Мой призрак стар. Я легко узнаю его
По глубокому контуру против неба и характерному скрипу двери.
Он дарит чувственно - кристаллическое забытье.
Он окутывает мгновение дымкой феерии и магии.
Я открываю дверь и вхожу...

Волнение воздуха этих живых стен
Будоражит острые нервы.
Я пришла за вдохом!
За изяществом не прикрытых стыдом ощущений!
За партией игры с хранилищем прошлого и тихим укрытием в настоящем.
За полным отчаянием и долгожданным откровением.
За уязвленностью наготы.
Я пришла за безупречностью боли и самим одиночеством.
Я укроюсь им здесь.
Искусность проживания его прекратит мой озноб.
Заколдует меня, приостановит это сжатое сердце.

Шершавые, почти - что иллюзорные стены
Хранят моё волнение и трепет.
Я окружаю себя ими от абсурдности происходящего
И укрываюсь там от впечатлительности моих палачей.
Любая мысль вонзается острым.
Порог чувствительности — запредельный.
Переживание чувства непременно вызывает онемение. Я отпускаю.
Время останавливается в этих высоких комнатах.
Я нахожу здесь некий приют от себя самой.
Мой дом. Тихим журчащим эхом,
Я остаюсь здесь навсегда.

Скоро польются слёзы раскаяния.
Скоро я буду стоять нагой.
Я неумело затеряюсь среди других событий твоей жизни.
Я растворюсь в синеве навсегда.

Да, впрочем, это случилось ещё вначале.

Скоро я смогу быть *всем чем угодно* –

отточенная уловка на чёрный день.

Скоро можно будет потрогать мою правду – она звенит!

Она отражается блеском глаз.

Этот блеск способен остановить время.

Я замираю вместе с ним.

2011…

Fragmento de un film

Inicio de invierno. Un paseo.
Desde Zolotye Vorota hasta Bulgakovskiy dom,
un antiguo edificio en decadencia.
Un refugio desolado para las almas perdidas.
Siempre supe el código secreto de esa antigua puerta.
Mi amigo esperando adentro.
Anhelo por lo mismo.
¿Amor? – No. Un anhelo de revivir el recuerdo del amor ...

...

Anochecer. Caminando.
Mis pies apenas tocan el suelo
Un sueño cinematográfico.
Desarrollo de fotogramas de películas en la oscuridad.
Algo colorido
Algo respirando.
Reluciente.
Vivo.
Algo palpitante.
Un anhelo temeroso de revelación.
Vacilante. En conflicto.
Voluntad débil. En sintonía con susurros oscuros,
Elijo quedarme.

Un anhelo.
Algo inexorable
Algo implacable y absoluto.
Hay una verdad en esto: inflexible y victoriosa.
Me mueve, intuitivamente, involuntariamente.
Esta sed es impredecible pero rítmica.
Negrita, atrevida y extática - tango
En el suelo de parqué crujiente. Yo bailo con gracia.
Al estallido de copas de champán y hielo.
A la multitud enjambre, intoxicada, estridente.
A la risa salvaje a su alrededor.
A pesar de que se acerca el amanecer,
Sigo caminando.

Film Strip

Early winter. A walk.
From Zolotye Vorota to Bulgakovskiy dom,
an old decaying building.
A desolate shelter for lost souls.
I always knew the secret code to that ancient door.
My friend waiting inside.
Longing for the same.
Love? – No. A longing to relive the memory of love…

...

Nightfall. Walking.
My feet barely touching the ground –
A cinematographic dream.
Developing film frames in the dark.
Something colorful.
Something breathing.
Shimmering.
Living.
Something throbbing.
A fearful longing for revelation.
Hesitant. Conflicted.
Weak willed. Attuned to dark whispers,
I choose to stay.

A longing.
Something inexorable.
Something unrelenting and absolute.
There is one truth in it — unyielding and victorious.
It moves me, intuitively, involuntarily.
This thirst is unpredictable yet rhythmic.
Bold, daring and ecstatic — tango
On the crisp parquet floor. I dance gracefully.
To the shatter of champagne glasses and ice.
To the swarming, intoxicated, raucous crowd.
To the wild laughter all around.
Despite an approaching dawn,
I walk on.

Un fervor. Esta sed interior me aturde.
Me congelo de momento ante la locura que se desarrolla.
Trasciendo al abismo.
Esta locura es la única *cosa* posible por la que puedo ser guiada.
me confía un secreto y me lleva a un lugar
donde puedo pintar una pintura
libre de la mirada del entendido,
eso me disuelve como una sombra
Sé que ha ocurrido en el pasado, *contigo* entonces.
Lo vi en esas viejas películas polvorientas,
desintegrarse en el ático de la memoria.
Plata centelleante en marcha, sola,
Ahora llevo la carga de este amor eterno conmigo.

En medio de los brillantes semáforos, sigo caminando.
En medio de la precisión de los pasos de peatones,
y las personas que se mueven juntas sin pensar,
su existencia es redundante, sigo caminando.
La brecha entre *entonces, ahora* y *más tarde*
se ha vuelto demasiado grande para cerrar.
Incompetente para tejer los hilos de la memoria
con la agudeza del presente en una narrativa,
Sigo caminando.
Desvaneciéndose, este recuerdo mantenido sobre mí me ha tenido
al borde de la asfixia por mucho tiempo.
Al no encontrar formas de aparecer sobre este mundo,
Camino hacia la noche.

Moviéndome a través del tiempo, torpemente,
Siento la urgencia de escapar, ¿es hora de irse ya?
Mi cuerpo es incapaz de contener estas emociones.
Mareos y ganas de correr por los tejados.
Manchas de faroles en el pavimento mojado.
El cielo alto, vacío y oscuro.
Sin rostro y sin fondo.
El cielo que se asemeja a un antiguo pozo.
Mantiene mi secreto que es mejor no tocar.
Nadar por la calle como un ser humano
es sentir completamente la indiferencia de los extraños.
Para exponer mi cara a la lluvia
es evitar la intromisión de su risa repulsiva.

A fervor. This inner thirst stuns me.
I momentarily freeze in the face of the unfolding madness.
I transcend into the abyss.
This madness is the only possible *thing* that I can be led by.
it entrusts me with a secret and takes me to a place,
where I can paint a painting,
free from the connoisseur's gaze,
that dissolves me like a shade.
I know it has occurred in the past — with *you* then.
I saw it in those old dusty films,
disintegrating in the attic of memory.
Scintillating silver underway, alone,
I now carry the burden of this eternal love with me.

Amid the glimmering traffic lights, I walk on.
Amid the precision of the pedestrian crossings,
and the people mindlessly moving together,
their existence redundant, I walk on.
The gap between *then, now*, and *later*
has become too vast to close.
Unable to weave together the threads of memory of the past
with the sharpness of the present into one narrative,
I walk on.
Fading, this memory's hold over me has long been
on the verge of suffocation.
Failing to find ways to appear to this world,
I walk on into the night.

Moving through time, clumsily,
I feel an urge to escape — is it time to go yet?
My body is incapable of containing these emotions.
Dizziness and the desire to run on the rooftops.
Speckles of streetlights on the wet pavement.
The high sky, empty and dark.
Faceless and bottomless.
The sky that resembles an ancient well.
It keeps my secret that is better not to touch.
To swim down the street like a human being
is to fully feel strangers' indifference.
To expose my face to the rain
is to avoid the obtrusiveness of their repulsive laughter.

Una capital vespertino corre como un torrente turbulento.
Un desfile persistente de autos.
El ruido mecánico de las conversaciones fragmentadas
de los transeúntes insolentes, espléndidamente vestidos,
resuena en los oídos.
Enfurecida e incapaz de caminar entre ellos,
Cojeo junto con una mueca en mi cara.
Todo es igual: asqueroso.
En todas partes.
No importa el cambio de la decoración.
Instada a escapar del absurdo total
de este río que fluye de antifaces,
Sigo caminando.

Ahora paso adelante!
Escuchando el sonido rítmico de mis talones
Sigo la llamada apenas perceptible de un espectro.
Una forma de ser imposible de vivir.
Corro rápidamente, llevándome lejos.
Otro giro, y nuevamente el espejismo cobra vida,
en forma de una casa en descomposición.
Mi espectro es viejo. Puedo reconocerlo fácilmente
por su contorno profundo contra el cielo.
Con un crujido característico de la puerta,
me concede un olvido sensualmente cristalino.
Envuelve este momento con una bruma de fantasía y magia.
Abro la puerta. Entro.

El jadeo de aire en estas viejas paredes vivientes excita mis agudos nervios.
Vine para respirar profundamente este aire.
Por la gracia de las sensaciones
que no se esconde de la vergüenza!
Vine a jugar con el repositorio del pasado
y por un refugio tranquilo en el presente.
Por la desesperación completa y por una revelación tan esperada.
Por la vulnerabilidad de la desnudez.
Vine por la impecabilidad del dolor
y la soledad misma.
Aquí, me envuelvo en mi tristeza y me escondo en ella.
Mi ingenio al vivir esta soledad cesa mis escalofríos.
Encantado, mi corazón inquieto se detiene.

An evening capital is rushing like a turbulent torrent.
A persistent parade of cars.
The mechanical noise of the fragmented conversations
of the impudent, splendidly dressed passers-by,
rings in the ears.
Angered and unable to walk amidst them,
I limp along with a grimace on my face.
Everything is the same: foul.
Everywhere.
No matter the change of the decor.
Urged to escape the total absurdity
of this flowing river of facemasks,
I walk on.

I step forward!
Listening to the rhythmic clacking of my heels — -
I follow the barely noticeable call of a specter.
An unlivable way of being —
I run quickly, carrying myself away.
Another turn — and again the mirage comes to life,
in the form of a decaying house.
My specter is old. I can easily recognize him
by his deep contour against the sky.
With a characteristic creak of the door,
he grants me a sensually-crystalline oblivion.
He envelops this moment with a haze of fantasy and magic.
I open the door. I walk in.

The gasp of air in these old living walls excites my sharp nerves.
I came for a deep breath of this air.
For the grace of sensations
that do not hide from shame!
I came to play with the repository of the past
and for a quiet shelter in the present.
For complete despair and for a long-awaited revelation.
For the vulnerability of nudity.
I came for the impeccability of pain
and solitude itself.
Here, I wrap myself in my forlornness and hide in it.
My artfulness in living this loneliness ceases my chills.
Enchanted, my restless heart comes to rest.

Desigual, casi ilusorio, las paredes guardan mi euforia y asombro.
Dentro de esas paredes viejas,
Me oculto del absurdo.
Incluso de *ti*.
El pensamiento golpea fuerte.
Los sentidos aumentaron más allá del umbral de lo ordinario.
Sin embargo, estas sensaciones necesariamente conducen al entumecimiento.
Lo dejo ir.
El tiempo se detiene en estas habitaciones de techo alto.
Aquí, encuentro refugio de mí misma.
Encuentro mi consuelo, mi hogar.
Convirtiéndose en un silencioso murmullo,
Me quedo aquí para siempre.

Pronto, las lágrimas de remordimiento comenzarán a llover.
Pronto estaré desnuda.
Pronto, nos perderemos el uno al otro, como dos ríos que fluyen en distintas
Pronto me disolveré en el azul. Siempre.   [direcciones.
Sin embargo, debería ser honesta. Sabía que esto sucedería desde el principio.
Nunca hubo otro final posible para nosotros.
Ahora me siento atraída aquí, a este lugar desolado, cuando mueren los últimos
Un truco refinado para un día lluvioso.   [recuerdos.
Pronto podré ser *cualquier* cosa.
Pronto, mi verdad quedará al descubierto: ¡ya es ensordecedora!
Esta verdad está en el brillo de mis ojos bien abiertos.
Este brillo es capaz de detener el tiempo.
Me adormezco. Me desvanezco

Traducción de Amado J. Láscar

Ragged, almost illusory, walls guard my elation and awe.
Within those aged walls,
I cloak myself from the absurdity.
Even from *you*.
Thought strikes sharp.
Senses heightened beyond the threshold of the ordinary.
Yet, these sensations necessarily lead to numbness.
I let go.
The time stops in these high-ceiling rooms.
Here, I find shelter from myself.
I find my solace, my home.
Turning into a quiet murmuring echo,
I stay here forever.

Soon, the tears of remorse will start pouring.
Soon, I will be standing naked.
Soon, we will be lost to each other, like two rivers flowing in different directions.
Soon, I will dissolve into the blue. Forever.
I should be honest, though. I knew this would happen from the very beginning.
There was never any other possible end for us.
Now, I am drawn here, to this desolate place, when the last memories die.
A refined trick for a rainy day.
Soon, I will be able to be *anything*.
Soon, my truth will become bare to the touch — it is already deafening!
This truth is all in the gleam of my wide-open eyes.
This glow is capable of stopping the time.
I grow numb. I fade away.

Translated by Tetyana Dovbnya & Gaura Radar

Margarita Drago

(Argentina)

Nosotros, los de entonces

I

Montada sobre el cauce de la memoria
como entonces en el río de la infancia
me adentré en los vericuetos del tiempo
la corriente me condujo a un paraje
agreste y apenas habitado
de una ciudad recostada sobre un río
de una tierra que adoptamos como nuestra
y a sus habitantes por vecinos.
En ese espacio erigimos nuestro hogar
sagrario y custodio de un tesoro oculto
mudo vigía de una historia
que renuncia al olvido.

II

> *Esta es nuestra casa.*
> *Entremos.*
> *Para ti la hice*
> *como un libro nuevo,*
> *... Esta es nuestra casa.*
> *¡Hazme el primer fuego!*
>
> José Pedroni

Esta es nuestra casa
—dijo mi padre
mientras mamá acariciaba en su vientre
mi corazón de niña ya latiendo—
la casa abrirá muchas ventanas
amplias como el corazón de sus dueños
en el patio nos cobijará el parral
y en el jardín
el limonero se vestirá de azahares y
cargará en sus ramas frutos redondos y amarillos
soles bajados a la tierra para ofrendarnos
luz y abrigo
y plantaremos rosales y jazmines

Us, Back Then

I

Riding down the stream of memories
through the childhood river like back then
I went into the twists and turns of time
the current took me to a wild
and hardly inhabited landscape
of a city alongside a river
of a land that we took as ours
and its residents as neighbors.
We built our home on this land
sanctuary and guardian of a hidden treasure
mute sentry of a history
that renounces oblivion.

II

> *This is our house.*
> *Let's go in.*
> *I made it for you*
> *Like a new book,*
> *... This is our house.*
> *Make me our first fire!*
>
> José Pedroni

"This is our house"
said my dad
while mom caressed in her belly
my little girl's beating heart
the house will open many windows
wide like their owners' hearts
the vineyard in the patio will give us shelter
and in the garden
the lemon tree will adorn blossoms and
bear on its branches round and yellow fruits
suns taken down to earth to offer us
light and shelter
and we will plant jasmine and rose bushes

que inundarán el aire de colores
el olor se internará por las ventanas
se escurrirá por las rendijas de las puertas
se instalará en las habitaciones
y rebosará la casa entera
grande será nuestra casa
en ella cabremos todos
nosotros y los que lleguen a compartir
nuestro pan y nuestro vino.

III

> *Tal vez sean solo fragmentos ilegibles de días ya vividos,*
> *porciones de una historia desgarrada por los dientes*
> *despiadados del tiempo.*
>
> Olga Orozco

Hubo otoños y mañanas grises
y hojas secas en el patio
arremolinadas por el viento
hubo un parral generoso
cada octubre que prodigaba
sombra y frutos a sus dueños
hubo una casa asolada por las lluvias
invadida por la humedad y el miedo
hubo silencios que acuchillaban gargantas
y llanto y clamor y gritos acumulados en el tiempo
hubo furia pasión rabia ira
y deseos muertos
y hubo dolor
mucho dolor empozado
en el alma y en los huesos
y hubo una mesa un mantel y cuatro platos
y unas manos que cosían
y remendaban sábanas y recuerdos
y hubo un hombre
postrado ante una virgen
y una rosa
por la hija lejos
y hubo una luz como una daga
que iluminó el silencio.

that will inundate the air with colors
the scent will come through the windows
it will run through the cracks in the doors
it will settle in the bedrooms
and will overflow the whole house
our house will be big
all of us will fit
with those who come to share
our bread and our wine.

III

> *Maybe they are just illegible fragments of lived days,
> portions of a history torn by the merciless
> teeth of time.*
>
> Olga Orozco

There were autumns and gray mornings
and dry leaves on the patio
gathered by the wind
there was a generous vineyard
every October which bestowed
shade and fruits for its owners
there was a house destroyed by rain
invaded by humidity and fear
there were silences that stabbed throats
and weeping and groans and screams accumulated in time
there was rage, passion, anger, ire
and dead wishes
and there was pain
pools of pain
inside the soul and the bones
and there was a table, a tablecloth and four plates
and hands that sewed
and darned sheets and memories
and there was a man
prostrated before the Virgin
and a rose
for his far-away daughter
and there was light like a dagger
that illuminated silence.

IV

La casa se llenó de telarañas
desde el día fatídico
que los hombres armados
irrumpieron.
Uno a uno nos fuimos marchando.
Entraron otros.
La invadieron habitantes sin rostro,
tomaron posesión de los cuartos,
hicieron suyas
las camas y las mesas,
las sábanas y los manteles.
Levantaron paredes y tabiques.
Cortaron de raíz
el rosal, el parral, el limonero,
y con ellos
los sueños de mi padre,
mis juegos y mis cantos Infantiles.
La casa se llenó de escombros,
de toldos sobre pilas de ladrillos.
Al interior, los mismos muebles
en los espacios de siempre.
En las viejas paredes,
los mismos cuadros
presidiendo la mesa familiar
o velando el sueño
de los que ocupan nuestras camas.
En un rincón del comedor,
la antigua Singer,
esperando,
bajo un manto de humedad,
herrumbre y polvo,
las manos temblorosas de mi madre
para hilvanar,
entre puntada y puntada,
sueños, memorias
e historias familiares.

IV

The house got covered in cobwebs
since the fateful day
the armed men
burst.
One by one we left.
Others came in.
Faceless dwellers invaded it,
took possession of the rooms,
made theirs
the beds and the tables,
the sheets and the tablecloths.
They built walls and partitions.
They uprooted
the rose bush, the vineyard, the lemon tree,
and with them
my father's dreams,
my children's songs and games.
The house got covered in debris,
in awnings over piles of brick.
Inside, the same furniture
in the same place.
On the old walls,
the same paintings
presiding over the family table
or keeping awake
those that took our beds.
On a corner of the dining room,
the old Singer,
waiting,
under a coat of humidity,
rust and dust,
for my mother's shaky hands
to baste,
between stiches,
dreams, memories
and family stories.

Mesas, camas, cuadros,
retratos, sábanas, manteles,
custodios silenciosos
de una historia
que se rehúsa a morir
sepultada
bajo escombros,
telaraña,
olvido.

V

Dejó su impronta en las sillas,
la mesa, las paredes de la casa
por él levantada.
Los nuevos dueños
pretendieron borrarla.
No pudieron.
Su marca quedará guardada
aun bajo los escombros
de lo que fuimos.

VI

La casa desenterró una a una
sus raíces
recogió todo el dolor almacenado
en sus ladrillos
tomó los sueños truncos
de sus dueños
y se marchó
un jueves santo
antes que cantara el gallo.

Tables, beds, paintings,
portraits, sheets, tablecloths,
silent guardians
of a history
that refuses to die
buried
under debris,
cobwebs,
oblivion.

V

He left his mark on the chairs.
the table, the walls of the house
he built.
The new owners
tried to erase it.
They couldn't.
His mark will remain
even under the debris
of what we were.

VI

The house unearthed one by one
its roots
it gathered all the pain accumulated
in its bricks
it took the shattered dreams
of its owners
and left
on a holy Thursday
before the rooster crowed.

VII

> ...todo está igual, seguramente,
> el vino y el ruiseñor encima de la mesa,
> mis hermanos menores a esta hora
> deben venir de vuelta de la escuela:
> solo que el tiempo lo ha borrado todo
> como una blanca tempestad de arena.
>
> Nicanor Parra

Añoro el río donde bañé la risa
de la infancia
y el gato que me esperaba en el tapial
a la salida de la escuela.
Añoro la mesa y su mantel,
el té y las galletitas,
la mano de mi madre
hojeando mis cuadernos
y a mi padre, acariciando al perro
que esperaba
a las cinco de la tarde
su bocado.
Pero el río no es el de entonces,
y el gato por las tapias se ha perdido,
mamá se fue,
no hay quien hojee mis cuadernos,
papá marchó herido por la pena,
y tras él el perro en busca del bocado.

VII

> ...everything is the same, surely,
> the wine and the nightingale upon the table,
> at this time my younger brothers
> should return home from school;
> Just that time has erased everything
> like a white storm of sand!
>
> Nicanor Parra

I miss the river where I bathed
my childhood's laughter
and the cat that waited for me
on the wall outside school.
I miss the table and its tablecloth,
the tea and cookies,
my mother's hand
thumbing through my notebooks
and my dad, petting the dog
that waited
until five in the evening
to get a bite.
But the river is not the one back then,
and the cat on the walls is missing,
mom left,
no one thumbs through my notebooks,
dad left filled with sorrow,
followed by the dog looking for a bite.

VIII

Los días del futuro se yerguen ante nosotros
como una fila de velitas encendidas
— doradas, calientes y vivaces velitas.
Los días pasados atrás quedan,
una fúnebre fila de velas apagadas…
No quiero mirarlas; su forma me apena…
Ante mí veo mis encendidas velas.

Constantino Cavafis

Habrá un día en que los rosales que plantó
papá estallarán en rosas
y el limonero se cargará de frutos
redondos y amarillos
las margaritas del patio lucirán en fila
sus vestiditos blancos
y el jardín será todo color y canto de pájaro
habrá un día en que papá
vestirá una sonrisa
en su cara dulcemente amanecida
y abrirá de par en par las ventanas
y mamá servirá la mesa
y otra vez seremos cuatro
los comensales reunidos
habrá un día en que el silencio
no habitará la casa
y la risa se instalará en los cuartos
y los tíos llegarán a visitarnos con las manos
cargadas de dulces y regalos
y abuela nos congregará a todos como antes
los domingos lluviosos o soleados
para nosotros los de entonces
habrá un día.

VIII

The days of the future stand in front of us
like a row of little lit candles —
golden, warm, and lively little candles.
The days past remain behind us,
a mournful line of extinguished candles...
I do not want to look at them; their form saddens me...
I look ahead at my lit candles.

Constantine Cavafy

One day the bushes that daddy planted
will explode with roses
and the lemon tree will fill up
with round and yellow fruits
the daisies lined up in the patio will shine
with their little white dresses
and the garden will be all color and bird songs
one day dad
will wear a smile
on his sweetly awakened face
and will open wide the windows
and mom will serve the table
and once again we will be
four dinner guests
one day silence
won't dwell in the house
and laughter will settle in the rooms
and aunts and uncles will visit us with their hands
full of sweets and gifts
and grandma will gather us like before
on rainy or shiny Sundays
for us back then
there will be one day.

Translated by María Postigo

Paul Dresman
(USA)

Fragmentos de «Slatches»

II

Estoy dentro de un bote volcado
    uno de un trillón de gotas de nube.
Todos saben que el agua no puede hablar.
    Por eso escribo sobre el agua—
    para poner palabras en su boca.
Ahora dice que estamos destinados a las profundidades,
y allí estoy, retozando en la proa.

*

    Antes de ser sudar, yo era sangre.
    Antes de ser orina, yo era puro.
    Antes de ser hombre, yo era mujer.
    Antes de que el sol me calentara,

    Fui arrastrado de esta manera
    y de esa manera por la luna.

*

El mar aparece en sueño tras sueño.
La orilla es siempre relativa.
Las olas corren tierra adentro por las calles.
Los edificios se hunden. El auto se sumerge
fuera de alcance y las caras de mi familia
miran por la ventana trasera. Ellos esperan
que puedo detenerlo antes de que se los lleven.
Ruegan ser salvados.

    Pero no puedo evitarlo —estoy dormido.

*

Un niño contundente, de trece años, se zambulle y cae como una piedra. Creo que está bromeando: un pequeño juego para sus amigos. Él se queda, y miro para decirle a alguien que deje de correr, tomo tiempo para mirar las sombras de la esquina en caso de que alguien pequeño se haya escabullido y desaparecido.

Excerpts from "Slatches"

II

I am inside a boat turned-over,
    one of a trillion drops of cloud.
Everyone knows water can't speak.
    That's why I write on water—
    to put words in its mouth.
Now it says we're bound for the depths,
and there I am, cavorting at the bow.

    *

Before I was sweat, I was blood.
Before I was urine, I was pure.
Before I was man, I was woman.
Before I was warmed by the sun,

I was pulled this way
and that way by the moon.

    *

The sea appears in dream after dream.
The shore's forever relative.
Waves rush inland over streets.
Buildings go under. The car submerges
just out of reach, and my family's faces
look out the rear window. They're hoping
I can stop it before they're taken away.
They beg to be saved.

    But I can't help--I'm asleep.

    *

    A rotund kid, thirteen years-old, jumps off the high dive and drops like a stone. I think he's joking–a little game played for his friends. He remains, and I look off to tell someone to stop running, take time to glance into the corner shadows in case someone small has slipped and disappeared.

Cuando miro hacia atrás, el niño todavía está allí.

Ni siquiera piensas en lo que estás haciendo. Estás fuera de la torre, te lanzas por el aire en una inmersión, cortando el agua, el impulso te lleva hasta donde yace en el fondo junto al desagüe principal. Lo agarro: flácido, peso muerto. Cuando saco el concreto, subimos demasiado lento. Debe pesar tanto como yo. Pateo y pateo pero él es un puñado, así que detengo la lucha, relájate, déjanos bajar.

Esta vez me enrollo para saltar, disparar fácilmente los doce pies completos. Sin pensarlo, lo tengo en el agarre adecuado, mi brazo derecho enganchado debajo de su brazo, sobre su pecho, mi mano izquierda para nadar o, si intenta resistirse, para mantenerlo firme, mientras pateo a través de la piscina. Al llegar a la canaleta, agarrándola, me quedo sin aliento: pegamento para aviones modelo.

Vomita babeante, dice: «No vale la peña».

Otros dos socorristas lo suben a la terraza y lo llevan a la oficina de la piscina.

A raíz de esto, conmocionado por la prisa, temblando, goteando, de vuelta al mundo, East L.A., 1962, llega una ambulancia, una sirena, una vida que se perdería si pudiera salvarse.

Pegue los puntales del ala al fuselaje, las puertas al compartimiento de bombas.

*

'Las jóvenes se esfuerzan mucho por ser buenas'.
Los jóvenes sobreviven en pandillas que amenazan sus vidas.
Tal vez el poeta podría lanzarles una línea,
quizás lanzarles un anillo,
algo redondo y dulce
rico y extraño
que no sufra cambio en el mar.

    Tal vez intente un grito
    en el fondo
    donde nadie está escuchando

When I look back, the kid's still there.

You don't even think about what you're doing. You're off the tower, gone through the air in a dive, slicing the water, the momentum carrying you down to where he lies still on the bottom by the main drain. I grab him: limp, dead weight. When I push off the concrete, we go up a little too slowly. He must weigh as much as I do. I kick and kick but he's a handful, so I stop the struggle, relax, let us go down.

This time I coil to spring hard, shoot up easily the whole twelve feet. Without thinking, I have him in the proper grip, my right arm hooked under his arm, across his chest, my left hand for swimming or, if he tries to resist, to hold him steady, while I kick across the pool. Reaching the gutter, grabbing it, I catch a whiff of his breath: Model airplane glue.

Drooling puke, he says, «*No vale la peña*».

Two other lifeguards pull him up onto the deck, carry him to the pool office.

In the wake of it, shocked by the rush, shaking, dripping, back in the world, East L.A., 1962, an ambulance arriving, a siren, a life to be lost if it could be saved.

Glue wing struts to the fuselage, doors to the bomb bay.

*

'The young girls try so hard to be good.'
The young men survive in gangs that threaten their lives.
Maybe the poet could toss them a line,
maybe throw them a ring,
something round and sweet,
rich and strange
that suffers no sea-change.

    Maybe try a scream,
    down deep
    where no one's listening.

III

Fuera de la ventana, sobre un arroyo, abril florece.

Naranjos, limoneros, lirios púrpuras al amanecer y al anochecer.

Cantos rodados de granito, mis sentimentalismos, una carretilla roja llena de hojas azules. Cipreses en la cresta, picos nevados en la Sierra Nevada en la distancia ...

¿Qué puedo transmitir sobre la perspectiva? Esto no es California.

*

Viviendo en la casa de la familia Pineda (la misma familia Mariana de principios del siglo XIX) en lo alto de la Alhambra, el compositor de música Manuel de Falla una vez organizó una tertulia (una reunión) del pintor Pablo Picasso, el poeta Federico García Lorca y el virtuoso de la guitarra Andrés Segovia en esta misma mesa. En la habitación contigua, la cítara ahora sin cuerdas. Era la época de Cante Jondo, el festival sobre música gitana, música moderna y poesía, sobre la guitarra española y el arte, aquí en Granada., 1922: *Cante Jondo*. Canción profunda.

> Canción profunda: el inquietante aullido de una Roma profundamente herida.
> Canción profunda: trillar musicalmente pájaros invisibles en sicómoros sombríos encima de un arroyo cayendo por la montaña.
> Canción profunda: lamento del marinero en la barandilla, una barca que parte, su llanto ahogado por los motores de balanceo de barcos.
> Lamento de la madre sin palabras, su nota en la mano. Marruecos, Fez.
> Canción profunda: repentina ráfaga de viento sobre los picos de los pinos, El rugido del surf en las playas lejanas.
> Exiliados republicanos que navegan a México,
> o caminando penosamente a través de la frontera con Francia.
> Canciones profundas: las tumbas silenciosas de Machado y Vallejo
> —Cada lápida cubierta de flores, lágrimas y notas de puré, Francia, 2014.

*

> Canción más profunda: grafiti en una pared encalada en Granada:
> Isabela: elegías volar conmigo
> (Isabel, «elige volar conmigo» y / o «colócate conmigo»)

*

III.

Out the window, above a brook, April blossoms.

Orange trees, lemon trees, irises purpling dawn and dusk.

Granite boulders, my sentimentalities, a red wheelbarrow full of blue leaves. Cypresses on the ridge, snowy peaks on the Sierra Nevada in the distance—

what can I convey about perspective? This isn't California.

*

Living in the Pineda family house (the same family as early nineteenth-century Mariana) high up under the Alhambra, the music composer Manuel de Falla once hosted a *tertulia* (a gathering) of painter Pablo Picasso, poet Federico Garcia Lorca, and guitar virtuoso Andrés Segovia at this very table. In the next room, the now-stringless zither. It was the time of *Cante Jondo*, the festival about gypsy music, modern music and poetry, about the Spanish guitar and the art of art--here in Granada., 1922: *Cante Jondo*. Deep Song.

Deep song: the haunting howl of a profoundly hurt Roma.
Deep song: musically trilling invisible birds in shady sycamores
above a stream tumbling down *la montaña*.
Deep song: lament of the sailor at the rail, a departing *barca*, his crying
drowned by the ship-rocking engines.
Lament of the speechless mother, his note in her hand. Morocco, Fez.
Deep song: sudden gusting wind across the peaks of pines,
the roar of surf on far beaches.
Republican exiles sailing to Mexico,
or trudging across the border to France.
Deep songs: the silent graves of Machado and Vallejo
—each gravestone covered in flowers, tears and mash notes, France, 2014.

*

Deeper song: graffiti on a whitewashed wall in Granada:
Isabella: elegies *volar conmigo*
(Isabel, 'choose to fly with me' and/or 'get high with me')

*

Manuel de Falla luchó contra la artritis cuando estaba viejo. ¿Le habrá quitado las cuerdas él mismo? ¿Resistió la tentación de tratar de tocar las cuerdas para escuchar la música? ¿Las cuerdas desconectadas le recordaban su debilidad? ¿O fue el asesinato del poeta de Granada, Federico, quien le había dado la cítara para comenzar?

Los instrumentos de cuerda pueden haber partido en la naturaleza cuando un humano escuchó por primera vez los tendones de una caparazón de tortuga colgada de un árbol para atrapar la brisa y rasguear las melodías dadas por la naturaleza. Así, la antigua arpa griega del viento.

Orfeo jugaba con sus dedos, pero el poeta y el cantante interpretan sus palabras con su aliento, un círculo de palabras de respiración y canto en la lengua, que sube por la garganta, desde el corazón, o «forma el corazón» Porque todo el ser responde a la inspiración en conjunto.

«El viento golpea la cítara sin cuerdas en mi corazón».

Está, sobre todo, tranquilo en la casa vacía del compositor, donde nadie habita sino las reliquias de una vida pasada y largamente concluida.

Rasgueando cuerdas invisibles, el viento juega en los aleros, a través de las hojas, a través de los estrechos y retorcidos carriles de Granada.

*

Una cítara sin hilos es como un caballo blanco en una noche sin luna.

O una montaña cubierta de nieve, oculta por las nubes.

O un fantasma que canta una canción perdida en el tiempo.

*

Escuché un *oud* sonando a través de habitaciones vacías,
habitaciones de azulejos azules y cúpulas frescas,

y se convirtió en un laúd
fuera del escenario, mientras los jugadores esperaban
la reanudación de la palabra,
las cuerdas sin trastes cantando

y el laúd se convirtió en guitarra
en las cuevas de Granada.
Bailarines y cantantes abofeteados
sus suelas duras, tacones de campana,

Manuel de Falla battled arthritis later in his life. Did he remove the strings himself? Did he resist the temptation to try and finger the strings to hear the music? Did the unplucked strings remind him of his infirmity? Or was it the murder of the poet of Granada, Federico, who had given him the zither in the first place?

Stringed instruments may have begun in nature when a human first heard sinews of a tortoise shell hung in a tree to catch the breeze and strum nature's own given melodies. Thus, the ancient Greek aeolian harp.

Orpheus played with his fingers, but the poet and the singer play their words with their breath, a circle of breathing and singing words on the tongue-- come up through chimenea, the chimney, the throat, from the heart--or "form the heart" because the entire being responds to inspiration al- together.

"The wind strums the stringless zither in my heart."

It is, above all, quiet in the empty house of the composer, where nobody dwells but the relics of a life gone by and long concluded.

Strumming invisible strings, the wind plays in the eaves, across the leaves, through the narrow, twisting lanes of Granada.

*

A stringless zither is like a white horse on a moonless night.

Or a mountain covered in snow, hidden by clouds.

Or a ghost who sings a song lost in time.

*

I heard an oud playing through empty rooms,
rooms of blue tiles and airy domes,

and it turned into a lute
off-stage, while players waited
the resumption of the word,
the fretless strings singing,

and the lute turned into a guitar
in the caves of Granada.
Dancers and singers slapped
their soles hard, clopped heels,

sus palmas triplican latidos
la voz se rompe, vacilante,
moliendo la amargura arenosa
de la muerte del amor, resurrecciones
de la vida rotas, el pan diario
rompiendo los dientes, comiendo carne,
escupiendo pepitas.

*

Lo llamamos «el orificio».

Ellos lo llaman «el hueso».

¿A dónde me estoy dirigiendo?
¿Quién está viniendo? ¿Quién va?

Un tambor. Una pandereta. «Hey hombre,
un *flavor*, sabor, *savor*».

Lamidos sabrosos, sin trucos.
Salado, dulce, Saltos & Límites

más allá de los límites. Linguas
lenguas, español e inglés.

Lo llamamos «el orificio».
Ellos lo llaman «el hueso».

XIV

Fuera de la carpa vuela
un agitador de estrellas se derrama sobre la arena de Baja —

gotas de rocío en el haz de la linterna:
Un viejo como yo
debe levantarse en la noche para

salir a la playa desierta:
    mare baja
mientras la luna cabalga alto
en el cielo sin sol

their palms tripling beats
the voice breaking, wavering,
grinding the gritty bitterness
of love's death, life's broken
resurrections, the daily bread
cracking teeth, eating flesh,
spitting pips.

*

We call it "the pit."

They call it "the bone."

Where am I homing?
Who's coming? Who's going?

A tambor. A tamborine. "Hey, man,
a flavor, *sabor*, savor."

Savory licks, no tricks.
Salty, Sweet, Leaps & Bounds

beyond boundaries. Linguas,
tongues, Spanish and English.

We call it "the pit."
They call it "the bone.

XIV

Outside the tent fly
a shaker of stars spill on Baja sand—

dew drops in the flashlight beam.
An old man like me
must get up in the night to

walk out on the deserted beach:
    low tide
    while the moon rides high
    in sunless sky.

Brillo de estrella de mar
en el libro de la noche
   brilla una roca.

Voces en el *surf break*
futuro pasado y futuro perfecto

   voz de golondrina de mar,
   voz en un sueño
   cri, cri, cri.

No hay palabras
cuando te vuelves a dormir
al sonido de las olas
     solo páginas delgadas
     impreso con ondas
     sobre una transparencia,

corrientes que dejan acertijos,

                copos.

XVIII

Usted pudo una vez leer misterios enigmáticos
sobre inundaciones en el noroeste del Pacífico,
agua lechosa de los glaciares
corriendo café sucio por los valles
el viaje entero desde el pezón hasta el mar.

Ahora, en agosto, bajo el calor y los rayos,
los lechos de los ríos pasan por rocas secas y musgo muerto.
El humo de los incendios forestales lo oscurece todo.
Mochilear cruzando las montañas,
algo está ardiendo y no puedes respirar.

Los viejos Miradores de fuego se han ido.
El acimut es ahora un dispositivo para la adivinación.
Los incendios arden durante el verano hasta el otoño,

Starfish shine
in the book of night--
    a boulder gleams.

Voices in the surf break
future-past and future-perfect,

    voice of a tern,
    voice in a dream,
    cri, cri, cri.

There are no words
when you fall back asleep
to the sound of waves,
    only thin pages
    printed with ripples
    over a transparency,

currents that leave riddles,

        flakes.

XVIII.

You once could read enigmatic mysteries
about floods in the Pacific Northwest,
milky water from the glaciers
running dirty brown through the valleys—
the whole journey from the nipple to the sea.

Now, by August, in the heat and the lightning,
stream beds trickle past dry rock and dead moss.
Smoke from wild fires obscures everything.
Backpacking through the mountains,
something is burning, and you can't breathe.

The old fire Lookouts are gone.
The azimuth is now a device for divination.
Conflagrations burn through summer into autumn,

El futuro no es bonito.
El pasado ha sido bastante horrible en sí mismo.

Lejos al sur y al este,
los cómplices reescriben las leyes ambientales
en aceite negro en pantallas fantasmas de *drive-in*,
películas de terror retorcidas por la lógica de Texas
que fractura la roca de abajo
        transformándola en terremotos, ganancias,
grifos de humo de azufre.
Los esqueletos de Posada se sientan
en sus autos, unidos a altavoces,
vestidos con su mejor ropa de domingo
para recitar las escrituras
mientras las plantas rodadoras se acumulan en las cercas
y una cabeza descarada dice bendiciones.

Después de bajar de las montañas,
Iré al Barrio Chino a esconderme en un callejón
para ver caer a América
al final del Ming,
al final del Qing
El final de la dinastía del ostento.

XIX

En mi otra vida, soy un agudo afinador de piano
¿Quién puede ajustar la cromática de los arcoíris?
a niveles de sonido
y suturar agujeros en el ozono.

En mi otra vida, soy una niña
en una gran ciudad a la que le gusta andar en bicicleta por el tráfico
y corre luces rojas.

En mi otra vida, soy un contorsionista
quien puede escapar de una visión del futuro
sin comprender el significado.

The future isn't pretty.
The past has been pretty awful itself.

Far to the south and east,
the shills rewrite environmental laws
in black oil on ghostly drive-in movie screens,
horror flicks twisted by Texas logic
that fractures the rock below
          into earthquakes, profits,
sulphur-fume faucets.
Posada skeletons sit
in their cars, attached to speakers,
dressed in their Sunday best
to recite the scriptures
while tumbleweeds pile-up on fences
and a brazen head blares out blessings.

After I come down from the mountains,
I'll go to Chinatown to hide in an alley
and watch America fall
at the end of the Ming,
the end of the Q'ing,
the end of the bling dynasty.

XIX.

In my other life, I am a resourceful piano tuner
who can adjust the chromatics of rainbows
to tiers of sound
and suture holes in the ozone.

In my other life, I am a young girl
in a big city who likes to bike through traffic
and run red lights.

In my other life, I am a contortionist
who is able to escape from a vision of the future
without grasping the meaning.

En mi otra vida, soy una estación de radio platónica.
que solo toca composiciones perfectas.
No escuches, lo afectarás.

En mi única vida, soy un iceberg
a la deriva más y más solo.
Pero tengo esperanzas.

Traducido por Amado J. Láscar

In my other life, I am a platonic radio station
that only plays perfect compositions.
Don't listen--you'll affect it.

In my only life, I am an iceberg
drifting further and further alone.
But I am hopeful.

Paul Forsyth Tessey

(Perú)

Medea
[Fragmentos]

CONTRA EL DIABLO Y SU EMBAJADA EN LA TIERRA

¡Oh ser abominable! ¡Oh la mujer más odiosa
para los dioses, para mí y para toda la raza de los hombres,
tú que te atreviste a dirigir la espada
contra tus hijos habiéndolos parido y me aniquilaste sin niños!
Y después de hacer esto, ¿contemplas al sol
y a la tierra, habiéndote atrevido a la acción más impía?

EURÍPIDES, *Medea*, vv. 1323-28

¿Quién era él, vestido de goma, muñeco
subterráneo y maldito, quién era él ahora?

JORGE EDUARDO EIELSON, *Ájax en el Infierno*

I

Altas cumbres, antes nevadas, se umbran cariadas en la panza de la Noche.
En bosques, purpúreas, metálicas voces corren en sendas de azufre,
y monstruoso, despiértase el Mundo: las bestezuelas, los musgos, los hierros,
                    haciéndose todos vigilia,
mientras el frío asiéntase de agua rala.
                    Titánica, homicida gana brota de poros agitados.
Es el día de los cuellos que se abren, de los ojos que se apagan.
Donde se alzaba la Luna,
                    arcano resplandor, dorada cuña, solo nebulosas quedan,
latentes emociones, polvo gimiendo, raído en el fondo estelar de la negrura.
Por tan ajada la Vida, de tan desnuda la Muerte,
perdido se han los límites, el barro, el Amor:
                              en silencio la sangre derrámase a gritos,
y corre los senderos, sobre la grava y la yedra,
buscando ansiosa los cogotes, los labios, el pecho donde manante se hizo
          tras escombrarse el orden de la Llama Doble, que hase velado.

Medea
[Fragments]

AGAINST THE DEVIL AND HIS EMBASSY IN THE EARTH

Oh abominable creature! Oh the most hateful woman
to the gods, to me and to the whole race of men
you who dared to lead the sword
against your children after birthing them and you annihilated me
without children!
And after doing this, do you contemplate the sun
and the earth, having dared you to the most ungodly action?

EURÍPIDES, *Medea*, vv. 1323-28

Who was he, dressed in rubber,
underground and cursed doll, who was he now?

JORGE EDUARDO EIELSON, *Ajax in Hell*

I

High peaks, before snowy, are darkened rot in the belly of the Night.
In forests, purple, metallic voices run in brimstone paths,
and monstrous, the World awakens: the little beasts, the mosses, the irons,
making them all alert,
while the cold sits on thin water.
Titanic, homicidal gains sprout from agitated pores.
It's the day of the necks opening, of the eyes going out.
Where the Moon was rising,
mysterious gleam, golden wedge, only nebulae remain,
latent emotions, moaning dust, worn-out on the starry background of the blackness.
For such tattered Life, such naked Death,
lost have been the limits, the mud, the Love:
in silence the blood sheds into screams,
and runs through the paths, on the gravel and the ivy,
anxiously searching for the necks, the lips, the breast where it became a suckling
after clearing out the order of the Double Flame, which you have watched over.

Plaza de Corinto: en sus calles, tanto Miedo.
                         Todo tiene ojos: se crisma de no poder cerrarse.
Un padre, degollado carnero, lamenta el ruedo que subterráneas
corrientes de ácido (divina, cáustica Sombra)
                     dejan desde la mano magra de la madre
                     en los pellejos albos de sus hijas.

JASÓN

Venenos tibios vician aire en turbios efluvios, pequeña sangre alzada como grito, ruiseñores desastrados fundiéndose en los templos como furia desbastada, cenizas hay donde había huesos…

¡Y con astros se raja el día, en sombras, con leches en picada, oh Hechicera, tras la proterva sierpe de tu gana, trocándose en caída!

Ésta es la estela, ésta la lámpara:

Que solo bruto odio, úlceras, aullantes tripas y ruinas persisten: solo esta aciaga cólera de plumas negras baila creciente floración del púrpura lunar, en todo punto estallado.

Todo el quebrado oxígeno se acaba en tus labios.

Éste es el devenir, éste el Hado:

Que alba trizada en auras de carbón penado, sin fondo, rueda y blande aire sin tocar el aire: flor que nace sin radiar flor, hacia tu nombre.

Todo espejo se rompe para hablarte, oh Medea, todo ciervo rehúye de tus manos, toda flor destállase a tu paso…

Lo bello es destructible en tu regazo, lo vivo es miserable en tu presencia.

Vuelven los bolos a su entraña de cabeza y se arena de óvulos la avena que los prados baldía, que arruina las cosechas.

Cuando tocas tú su aire, todo ábrese el pellejo, frisando llantos, si cruzando llanuras, montañas y prados, atroz de espiga a espiga, el polen entero se pudre en tu pico rapiña…

¡Astros se ocultan miedosos en pulpas solapas de bruma, pues graznan cual buitres tus ojos, tus pulpas dícense llaga, si miras al cielo frondoso, que múdase a fosca penumbra, a rojos plantones de abrojos, pávidos, nimbados, copiosos!

Trémulo salar de azufre crepita tu ser, batán de amargura, anillada a rastras de tanto metal hundido en los níveos cogotes.

¡Ay, terrible paridora, tu aciago, menguante corazón es todo puro invierno, parásitos, herrumbre, toda ala pierde vuelo cuando cantas!

Plaza of Corinth: in its streets, so much Fear.
                              Everything has eyes: it bemoans not being able to close.
A father, cut-throat ram, laments the bullring that underground
acid streams (divine, caustic Shadow)
                              leave behind from the mother's meager hand
                              in the white skins of her daughters.

JASON

Tepid poisons corrupt air in cloudy emanations, young blood raised as a cry, wretched nightingales fusing into the temples like a devastated fury, ashes where there used to be bones...

And with stars the day is split, in shadows, declining, Oh Sorceress, after the stubborn serpent of your desire, diminishing into downfall!

This is the trail, this is the lamp:

That only gross hatred, ulcers, howling guts and ruins persist: only this ufortunate anger of black feathers dances waxing bloom of the purple lunar, at all points explodes.

All the broken oxygen runs out of your lips.

This is the transformation, this is Fate:

That fragmented daybreak in auras of punished coal, bottomless, rolls and brandishes air without touching the air: flower that is born without radiating flower, towards your name.

Every mirror breaks to speak to you, oh Medea, every deer avoids your hands every flower shatters in your wake...

What's beautiful is destructible in your lap, what's alive is miserable in your presence.

Cuds plummet to the core and the oats fill with ovules that barren meadows, that ruin the harvests.

When you touch her air, the skin opens up, coming close to tears, if crossing plains, mountains and meadows, atrocious from spike to spike, the whole pollen rots in your snatching beak...

Scared stars hide in overlapped pulps of haze, since they squawk like vultures your eyes, your flesh tells of wounds, if you look at the abundant sky, that moves toward half-lit woodlands to red seedlings of thistle, timid, saintly, plentiful!

Trembling salt flat of brimstone crackles your being, fulling mill of sorrow, annulated unwillingly of so much metal sunken into the snow-white necks.

Oh, terrible fertility, your ill-fated, waning heart is purest winter, parasites, rust, all wings lose flight when you sing!

Se hinca, se pala, se dobla y encoge. De rodillas, a rastras se mueven sus tripas,
con pena gravitan sus muslos, sus huesos se chispan baldíos...
[...]

III

Tras las piedras, tras los muros, allende al espejo de agua,
                    los restos ociosos de la Muerte,
el vertical sino del silencio chupa — poderoso, terráqueo pulmón —
la hondura magrada, llena de dientes.
                    Aullidos, míticas llagas se repiten en el aire,
fecundo en fosas, moscas, toscas, sosas rosas, fértil en sangre derramada a gritos.
Porque en la niña bulle el futuro,
toda ella es carne del Más Allá en el podio del Más Acá.
                    Saber que para siempre el siempre se ha mermado en el jamás.
                              Saber que ya lejos se duelen.
Que el abrazo no llegará y solo la amargura persiste.
La torva Erinis vuelve nido al corazón.
Saber que templo fue la ruina y cada hueso hoy grave ponderación de lamentos.
                    Cantó la carroña y los dioses, embriagados,
                              olvidaron a los padres.
Plúmbeo carbón a ráfagas llueve en la plaza de Corinto.
Nunca fue el llanto tan piedra, nunca fue el Hado tan ciego, sordo denuedo.
                    Mas ruge Mundo en voz de yedra.

JASÓN

Tiempo hará que borrará sus huellas en la podrida arena que lleva el viento.
Serán ciegas al devenir de la luz y solo serán pezuñas en la recua, apenas rebuznos, velludos pescuezos.
El aire no podrá peinarlas, el agua no sabrá lavarlas.
Fijas en un panorama de borrosos tejidos, hojarasca y bilis, serán sólo polen que no llegó a los pistilos, agua que no llegó al mar.
Mas arde el Mundo en la Era Bubónica.
Consteladas por la divina mano de la Sombra, yantan rimas, lloran noches para siempre, rascándose viruelas, los gajos bullendo lepra, ánimas que el Sol dejará ir...
Patíbulos donde gimen, cual medusas, sobre ripios de fúnebre pernil, sobre gajos umbríos y terribles, las hijas, solas, sin sus nombres.
¡Para vivir, Medea, para vivir, nevadas niñas en sus nidos, que un alfiler de frío hubo degollado, mascáronse ríspidas las carnes!

It swells, shovels, bends, and shrinks. On knees, unwillingly they move their
insides, with sorrow they rest upon their thighs, their useless bones get tight...
[…]

III

Behind the stones, behind the walls, beyond the mirror of the water,
                                        the idle remains of Death,
the vertical if not the sucking silence – powerful, earthy lung –
the sacred depth, full of teeth.
                Howls, mythical sores are repeated in the air,
fertile in graves, flies, coarse, dull roses, fertile in the screaming bloodshed.
Because the future seethes in the child,
she is entirely flesh of Heaven on the podium of Here.
                Knowing that the forever has always dwindled in the never.
                                Knowing that they are already hurting far away.
That the hug will never come and only bitterness persists)
The baleful Erinis nests to the heart.
Knowing that temple was the ruin and every bone today the serious consideration of regrets.
                The riffraff sang and the gods, intoxicated,
                                        forgot the parents,
Heavy coal rained down in the plaza of Corinth.
Never was weeping so stone cold, never was the Fate so blind, valor deaf.
                        But the World bellows in the voice of ivy.

JASON

Time will have you erase your footsteps in the corrupt sand that carries the wind.
They will be blind to the coming of light and will only be hooves in the
        pack, barely brays, hairy necks.
The air won't be able to comb them, the water won't know how to wash them
Fixed in a panorama of blurry tissues, fallen leaves and bile, they will be only
        pollen that does not reach the pistils, water that did not reach the sea.
But the World burns in the Bubonic Age.
Starry by the divine hand of the Shadow, verses are consumed, nights cry
        forever, scratching smallpox, the branches seething plague, lost souls that
        the Sun will leave behind...
Gallows where they moan, like jellyfish, on debris of funeral haunch, above
        branchesshaded and terrible, the daughters, alone, without their names.
To live, Medea, to live, snowy girls in their nests, that a cold pin had slit their
        throat, they violently chewed the meat!

Ahora sueñan plumas como lirios, se ungen abalorios, sedales pétalos de aurora, confundidas en el ganado.

¡Oh, haz de los terribles designios! ¡Oh, aciaga Era de sollozantes materias, salvajes hidras y penumbras destrozadas, póstrate a gemir y mira, en sus ojos, al demonio!

Todo pesebre es camal en sus pupilas.

¿Y qué será de la Moridora? ¿Qué de la madre que devoró a sus hijas?

¡Oh, magmático, arcano abuelo, que hurgas la Tierra, acábala, desiértala, olvídala, ultímala, desgájala, arénala, devórala, símala, en el siniestro pozo llamado corazón!

¡Coséchala, Helios, haber arcano de los frutos, coséchala con hoz de fuego!

¡Yerma, solitaria, infame late, desbocada ruge como tormenta de piedras en el desierto, trabazón de púas!

Glóbulos de luminosa niebla fulgúranse en la tierra.

Por ella infinitas niñas se desangran en sus nidos, y hablan, sin hablar, ajada la boca, destrozada, deshechos los dientes por tufillos de granola.

¡Ella es ponzoña que desbasta a las nacidas y triza sus pellejos albos en sus cunas, la atroz harpía, frenética entre bestias, que engulle a la recién parida en el haber del aire!

Se yergue, se rala, se cimbra y arruga. Bocarriba, pasmados, a ráfagas los labios dejan salir gemidos, sollozos, y luego el quiebre de la espina, abandonado a la odiosa garrapata del dolor...
[…]

V

Vestida a la sombra del furor, en todo azote y hedor, feroces cuernos,
                      tajando brazos, derruida segando sesos, nervios, calcios:
Medea paseando alrededor de las cunas,
                      sobre los restos de Mérmera y Feras,
sonriendo entre chillidos, ampusa que devuelve
                      sorbida sangre descendiente, súcubo que ruin
                                  odio ha turbado.
Tiembla su frenética mano, y nervios, pecho y nuca
arden magros en el fuego, tiritan sus labios, las babas colman comisuras,
                      de a pocos arrúgase de verrugas,
        la gana umbría y las pequeñas
                explosiones bajo la cabellera que arde en llamas,
bajo mantos, plantones, sábanas de seda,
                y en camastros de diamante,
al marmóreo muñeco o la cuchara, busca hijas

Now feathers dream like lilies, anoint themselves with glass beads, silky aurora
	petals, confused in the crowd.
Oh, make the terrible designs! Oh, fateful Era of sobbing materials, wild hydras
	and shattered gloom, fall on your knees to moan and look, in his eyes, to
	hell!
Every manger is a slaughterhouse in their pupils.
What will become of the Moridora? What of the mother that devoured her daughters?
Oh, magmatic, mysterious grandfather, who scours the Earth, finishes her off,
	deserts her, forgets her, beats her, rips her up, covers her with sand,
	devours her, kill her, in the sinister well called the heart!
Harvest it, Helios, there is mysterious fruit, harvest it with a sickle of fire!
Desolate, solitary, infamous beating, uncontrollable bellow like a storm of stones
	in the desert, bond of barbs!
Cells of luminous fog glow in the earth.
For her infinite girls bleed out in their nests, and speak, without speaking,
	swollen mouth, shattered, undone teeth by whiffs of granola.
She is venom that grinds up the born and shreds their white skin in their cribs,
	the atrocious harpy, frantic among beasts, that engulfs the newly birthed in
	the air!

He stands, scratches, shakes and wrinkles. Face up, stunned, the lips release gusts groans,
sobs, and then the breaking of the spine, abandoned to the odious tick of pain...
[…]

V

Dressed in the shadow of fury, in total scourge and stench, ferocious horns,
			slicing arms, crumbled severing brains, nerves, calciums:
Medea walking around the cribs,
			over the remains of Mérmera and Feras,
smiling between screams , empusa that returns)
			slurped descendant blood, succubus that despicable
						hate has disturbed.
Her frantic hand trembles, and nerves, chest and neck
loins burn in the fire, her lips tremble, saliva fills the corners,
			little by little wrinkling from warts,
		the dark desire and the small
			explosions under the head of hair that burns in flames,
under cloaks, seedlings, and silk sheets,
			and in rickety beds of diamond,
to the marble doll or the spoon, look for daughters

> *para abrirles la mitra, chuparles el aire, quemarles los sesos:*
> Medea con listón de plúmbeo hierro de cernir chispas a sienes,
> los ollares chorreando bilis, la cola en punta
> > como diabólica flecha,
> hedionda, sibilina hez tras porosos orificios, toda ella la carga de ser agente
> > inmundo del Odio.
> > Porque este es el Ocaso de los dioses.

Tiresias

¡Oh, pútrida, hórrida hija de la Desgracia! ¿Qué has hecho de ellas?
Pitones crecen de tus sienes, torcidos, alucinados, y relentes de dulzura te queman los ojos, Hechicera, las albas ninfas de miel.
Niñas que hierves en ollas donde se doblan los cucharones, de humeante hez, ancas de rana, sonajas, mantones y ajadas muñecas.
Bates la bullente, larvaria marmita, aguardando la lluvia a la sombra de un sauce, el ruin sortilegio que prosas, tumescente de cobras.
Todo minuto es hora de holocausto, todo aire perfidia y brujería, triviales mortajas las crías en tus pupilas, acaso menos vivas.
¡Y a través de teñidos garrotes, desde ésta, la mortuoria altura de la historia, como un ácido, nefasto diluvio, te empalan las estacas de la Muerte!
Eres ciega a la luz, mas nada puede serte espejo.
Cisma partículas tu faz de endemoniada gamuza, agria espesura de espinas.
Y asida a la niebla, flamándote los negros ajíes, roídas alas les diste y sobre el madero llegó a ti la desolladora Venganza.
En ti se confunden las máscaras del Demonio.
Desde ese mediodía tus manos, devoradas por la Sombra, repiten en el aire el navajazo que separó a las niñas de sus padres.
Aquí donde la herrumbre, la lengua fría del invierno, las piedras y la marga chillan por sus etéreas hijas y las resucitan, con la pala del viento, en la balada del cráneo y el pellejo.
Donde nada viste oxígeno suspenso, cuellos lloran el grave hierro atracado en este promontorio para el olvido.
¡Y ofreciendo curvos cuchillazos, tus puños son cruel campanada de aire buscando cuellos, estómagos, nucas, algo que asir al pudrimiento!

to open their miter, to suck their air, to burn out their brains:
Medea with her heavy iron bar from sifting wits to temples,
the nostrils dripping bile, the sharp tail
like a diabolical arrow,
repulsive, behind porous holes, sibylline scum, all her burden of being a foul
agent of Hate.
Because this is the Twilight of the Gods.

Tiresias

Oh, putrid, horrid daughter of Disgrace! What have you done with them?
Pythons grow from your temples, crooked, hallucinated, and sweetening repel-
 lents burn your eyes, Sorceress, white nymphs of honey.
Girls that you boil in pots where the ladles sink, from smoldering dregs, frogs'
 legs, rattles, shawls, and old dolls.)
You beat the boisterous one, larval pot, waiting for the rain in the shade of the wil-
 low, the despicable spell that you prose, tumescent of cobras.
Every minute is holocaust time, all perfidy air and witchcraft, trivial shrouds the
 youth in your pupils, perhaps less alive.
And through stained sticks, from this, the mortuary height of history, like an acid,
 nefarious torrential rain, you are impaled by the stakes of Death!
You are blind to the light but nothing can be your mirror.
Schism particles your face of devilish suede, sour thicket of thorns.
And anchored to the fog, the black chili peppers burning you, gnawed wings you
 gave them and above the beam the barefaced Vengeance came to you.
Within you the masks of the Devil are confused.
Since that afternoon your hands, devoured by the Shadow, repeat in the air the
 slash that separated the girls from their parents.
Here where the rust, the cold tongue of winter, the stones and marl weep for their
 ethereal daughters and resurrect them, with the shovel of the wind, in the
 ballad of the skull and skin.
Where suspenseful oxygen wears nothing, necks mourn the grave iron docked on
 this promontory for oblivion.
And offering curved slashes, your fists are wicked wind chimes looking for necks,
 stomachs, collars, something to grab on to putrefy!

Se oyen gritos, apenas chillidos, tórridos llantos que la macabra mano de Medea estruja como horca de silencio sobre blondos, rizados cabellos, sobre ojos tigres de obsidiana, sobre el sueño y la pureza, destruyéndolo todo.
[…]

VII

Tras el canto, añil recogimiento:
      mirar en el cristal de no mirar.
Recomponer, volver a mirar.
      Por qué no alan aire las plumas: porque lluévese el cielo.
      Por qué llama juega al calor:
Porque árdese en las pulpas el ancla de la razón.
      Fuego pasado es tanto futuro fuego: volver a mirar
      en el espejo del cambio.
La voz con ojos, siendo Cielo, revuelve el pasado:
      los tantos pecados,
      las tantas afrentas, la sangre tan rancia, vertida en las piedras.
Todo se junta, de nuevo, y ajeno,
      para que todo por fin sea Nada,
ante la gana de los dioses que han pedido al Dolor
      cernir de negras yemas en viscosas pozas el camino
      de los hombres.
Porque se ha turbado el orden del rocío en el arco del vapor y más que nunca
      prefiere la carne su pico de nieve.
      Pues yermo haber, toda tierra
      es para el grano roca obsoleta:
si la hospitalidad fue esputada —y fue orinada—
      no hay asa entonces que libre a esas manos del Desastre.
      Los dioses son camino y futuro.
      Y solo los dioses son niños

Tiresias

Púa, periplo coral, soñado en astros y navíos, fue decisiva púa, pues fueron de muerte
    heridos los héroes rampantes, y derruidos.
Volviendo a la bífida Vía de la Serpiente, ola tras ola, con este aural vellón del
    carnero, fueron ciegos, Argonautas, y sordos fueron, al monstruo que tu
    lengua encubría.

*You hear shouts, barely screaming, torrid cries that Medea's horrifying hand
squeezes like the gallows of silence over blonde, curly hair, over obsidian tiger eyes,
over the dream and purity, destroying everything.*
[…]

VII

After the song, indigo recollection:
       look at the glass of not looking.
Recompose, look again
    Why don't the feathers reach the air: because the sky rains.
      Why does the flame play with the heat:
Because it burns the anchor of reason into the flesh
    Past fire is just as much future fire: look again
      into the mirror of change.
The voice with eyes, being Sky, stirs up the past:
    the many sins,
     the many offenses, the blood so stale, poured on the stones.
   Everything comes together, again, and unaware,
     so that everything was at last Nothing,
in the face of desire of the gods who have asked for Pain
    sift from black yolks in slimy puddles,
     the way of men
Because the order of dew has been disturbed in the arc of steam and more than ever
  its snow peak prefers the meat.
   Well having been deserted, all land
     is for the obsolete rock grain:
if hospitality was coughed up — and pissed on —
   then there is no handle that frees those hands of Disaster.
    The gods are way and future.
  And only the gods are children.

TIRESIAS

Spike, choral journey, dreamed of stars and ships, was decisive spike, for the rampant heroes were wounded to death, and demolished.
Returning to the forked Way of the Serpent, wave after wave, with this aural veil from the ram, they were blind, Argonauts, and deaf, to the monster that your tongue concealed.

Volaste del palacio donde duermen los efluvios rutilantes de tu abuelo, en los salones familiares de tu padre, por yacer bajo el árbol efímero del deseo, en todo acento cucaracha.

¡Y hundido en su áurea gloria, Jasón no supo verte, durmiéndose raído en el otoño tuberoso —marchita pesadilla—, vencido para siempre por el diablo de la ciega ciénaga celeste!

Sólo oro peludo cabe en sus pupilas, sólo esta hambre agreste, sólo humo y cenizas. No vio en tu ser lo ignoto, no vio en el mal tu rostro, y así ofreció sus manos blancas, a tus pechos de linóleo.

No vio cuando en el prado, con yerbajos tenebrosos, lo hiciste ser el fuego para el fuego venturoso, y así trizó de mantras a soldados insepultos, al gran dragón custodio y a la sierpe tumultuosa.

¡No vio cuando a pedazos, trozaste a tu hermano, y al mar echaste errantes, las pequeñas carnes ralas, de un Apsirto miserable, que a las manos de Eetes, llegaron navegando!

¡No vio cuando a Glauce, en todo mirra y esmeralda, vestías de sol, cebolla, perdiendo pieles en los brazos de Creonte, ni vio cuando hiciste, de sus huesos y sus pelos, de sus carnes y sus dedos, una alta antorcha humana, apenas llama rencorosa!

¡Oh lunera ponzoña! ¡Será tuya la raza de Helios, pero sólo Hades cosecha tus frutos, sólo el Demonio atiende tus conjuros!

Se aparta, ajena, la Sombra con ojos de Luz, oráculo bestial de cuanto se alza humano, tambaleado, cuadrúpedo: a mil de nervios, a mil de temblores, a mil de pasmos, se oculta en bruma, tras muros de neblina, en los escombros del día, todo él muñones hacia el vacío. Su voz —este cuchillo de los días de la vida— cruza entonces la tiniebla, abandonada, hincada voz: un borbollar de palabras como purgante yerba...
[...]

VIII

Desde que Mundo hubo, solo sangre es Ley, saltando advenires.
                    Para que tantos dioses se apiaden albos en sus meollos
y el Hado refulja ambarino en nuevos arcos:
                    la hija no ha de pagar paterno yerro,
ni maternal hedor podrá disimular.
Porque los días del futuro son hoy robados en el desmadre,
                    para el desprecio de espigas.
Desde que Mundo hubo, una Ley, entre todas,
se preservó del fuego redentor:

You flew out of the palace where your grandfather's shining emanations sleep, in
 your father's family rooms, by lying under the ephemeral tree of desire, in
 total cockroach accent.
And sunken in his golden glory, Jason didn't know how to see you, falling asleep
 in the tuberous autumn -----withered nightmare --- defeated forever by the
 devil of the blind celestial swamp!
Only gold fits in his pupils, just this wild hunger, just smoke and ashes. He did not
 see in your being the unknown, he did not see the evil in your face, so he
 offered his white hands, to your linoleum breasts.
He didn't see when in the meadow, with dark weeds, you made it be the fire for
 the venturous fire, and thus tore to shreds unburied soldiers, the great
 guardian dragon and the tumultuous serpent.
He didn't see when to pieces, you chopped your brother, and you casted off to
 sea, the small thin flesh, of a wretched Absyrtus, that in Eetes' hands, came
 sailing!
He didn't see when Glauce, covered in myrrh and emerald, dressed in sunlight,
 onion, losing skin on Creon's arms, nor saw when you made, with his
 bones and his hair, his flesh and his fingers, a high human torch, hardly
 called resentful!
Oh venomous little moon! The race of Helios will be yours, but only Hades reaps
 your fruits, only the Devil attends to your spells!

It departs, oblivious, the Shadow with eyes of Light, beastly oracle, unstable,
quadruped: a thousand nerves, a thousand tremors, a thousand chills, hides in
mist, behind walls of mist, in the rubble of the day, all of him lumbering towards
the void. His voice – this knife of life's days – then crosses the darkness, abandoned,
pained voice: a blurring of words as purgative herb.
[...]

VIII

Since the World was, only blood is Law, jumping advents.
                    So that many Gods may have mercy in their cores
and the amber-filled Fate in new arches:
                    the daughter does not have to pay paternal error,
nor can motherly stench disguise.
Because the days of the future are stolen today in the chaos,
                    for the contempt of spikes.
Since the World was, a Law, among all,
was preserved from the redemptive fire:

cada niño es futuro día del pasado.
Mas como súcubos, como añil carroña palpitante,
                                          raposas que colmillan cogotes,
              antes niñas, ahora atroces mortajas,
se arrojan sobre lamentables, bullentes pellejos.
                                  Todo es presa de sus panzas sin fondo.
Y sus garras — diamantinos garfios — hienden, rasgan, destazan
lo que pudo ser y no será, en lo que hubo y era cría.
                          Porque este es el Tiempo de la Muerte,
la espiga se destalla so maligna merced.
Porque esta es la Edad del Desamparo y los dioses duermen zarcos en sus nichos.
                  Porque esta es la Casa de la Peste,
arcano laberinto de gusanos, cadalso donde a las hijas se les mete el demonio
                                              de la madre,
para que solas padezcan el abismo paterno, tajadas con el mismo pitado metal,
 lazadas en el seso, drenadas de alba…

Coro de Zombis Corintias

¡La Tierra será barrida, mujeres de Corinto, como polvo de tablillas!
¡A los dioses clamen, ahora, en la yerma campiña, y mercedes rueguen por las
       cunas devastadas, que son tumbas inundadas!
¡Campanas del invierno, anuncien el gobierno de la Muerte, piedra sobre
       piedra en el camino de los padres!

Corifeo

¡Al baldío echarán sus hijos las semillas que les broten!

Coro de Zombis Corintias

La humana herrumbre cribará en todo templo cálices, papiros, y hongos
       mustios crecerán silvestres en sus mesas.
Del desastre desatado, serán las copas, el palacio, las recias columnas
       caerán como plumas cuando sus niños mueran solos en sus lechos.
Así será el futuro, ni orfebres del pasado revertirán los huevos para
       siempre vacíos pero llenos de serpientes.

every child is a future day of the past.
But as succubi, like throbbing indigo carrion,
                                    foxes that bite necks
               before girls, now heinous shrouds,
throw them pitiful, boiled skins.
                    Everything is prey to their bottomless bellies.
And their claws – diamond hooks – stow, tear, uncover what could have been
and never will be, in what there was and what was young.
                         Because this is the Time of Death,
the spike reveals its evil mercy.
Because this is the Age of Abandonment and the gods sleep heavenly in their niches.
               Because this is the House of Plague,
mysterious labyrinth of worms, gallows where the daughters are possessed by the
                                        demon of the mother,
so that only they suffer the paternal abyss, cut from the same cloth,
laced into the brain, drained from dawn...

Chorus of Corinthians Zombies

The Earth will be swept away, women of Corinth, like powder from tablets!
They cry out to the gods, now, in the countryside grass, and mercifully
    beg for devastated cribs, which are flooded graves!
Winter bells, announce the government of Death, stone upon stone on the path of
    the creators!

Coryphe

Their children will cast the seeds that sprout them to the wasteland!

Chorus of Corinthians Zombies

The human rust will sift in every chalice temple, papyri, and withered toadstools
    will grow wild on their tables.
From the unleashed disaster, it will be the cups, the palace, the sturdy
    columns that will fall like feathers when their children die alone in their
    beds.
This will be the future, not even goldsmiths of the past will revert the eggs, empty
    forever, but full of serpents.

Corifeo

¡Jamás dejará la Aurora los patios de la Cólquide!

Mas la Voz de búhos ojos, se filtra, abre paso, como espada soplada por Hermes, espiga de hierro ciego que deja fuentes misteriosas, pluma que vuelve albura tras dormir en el carbón, diezma a las infectas, caníbales mortajas, que apenas intestinos de la Bestia, ruedan ahorcadas en el patíbulo...

Tiresias

¡Oh nevado torrente de hojas, cenagosa Fortuna, hieráticos montes, teas que
 ven pasar al Tiempo en los anillos del madero!
Díganme, insensatas, ¿oyeron, oyeron ya, a Medea, sus reacios juramentos,
 sus cantos desalados, sus odios despistados ni medida?
¿Vieron, vieron ya, al Demonio, pasear su cola de gastados abalorios en los
 templos apagados, en todo azufre y orinas, llevar hiedra en el cinto, y
 hierro, infecto hielo en el rostro, ruido en el pie?

Cobardes, menádicas zombis disfrázanse de niebla cantando, riendo, acusando al Cielo de ser cielo, al duelo de ser suelo. Negra, viscosa sangre chorrea por sus comisuras, mientras sus pellejos crecen hacia la maldición de la Medusa, como un cristal hacia sus tripas...
[...]

XII

Vase el Mundo que hase la Muerte. Todo se pierde, se triza, se encoge.
Pero no hay más Mundo y el tejido persiste:
                un vahído como ojo de tormenta que surge terráqueo,
acaba por demolerlo todo, y todo se calla.
            Luenga hendidura que átomos arroja, y abrojos, raídas espigas,
                        partículas repentinas,
para que pronto el Mundo hierva en diluvio de flechas.
              Para que pronto este Silencio ritual que sucede a la humareda,
espiral de pavesas que busca Éter, cunda,
                con su mazo de rayos consumados, el abrasado jardín
donde los dioses pulían de néctares la Gloria que mortales labios
cantaban para su cruel regocijo.

Coryphe

The Aurora will never leave the courtyards of the Colchis!

But the Voice of owl eyes, filters through, opens passage, like a sword blown by Hermes, blind iron spike that leaves mysterious sources, feather that turns white after sleeping in coal, decimates the infected, cannibal shrouds, hardly the intestines of the Beast, turn hanged on the gallows...

Tiresias

Oh snowy torrent of leaves, obscure Fortune, hieratic mountains, torches that see
    passing Time in the rings of the timber!
Tell me, fools, did you hear, already hear, Medea, her reluctant oaths, her hurried
    chants, her clueless hatreds or measure?
Did you see, already see, the Devil, walk her tail of worn beads in the quiet tem-
    ples, in all brimstone and urine, carrying ivy on the belt, and iron, infected
    ice on the face, foot noise?

Cowards, maenadic zombies disguised as fog singing, laughing, accusing Heaven of being heaven, the duel of being the ground. Black, viscous blood drips from its corners, while their skin grows toward the curse of Medusa, like a crystal towards their guts...
[...]

XII

The World leaves which Death makes. Everything is lost, shreds, shrinks.
But there is no more World and the fabric persists:
                  a dizzy spell like the eye of a storm that emerges earthly,
ends up demolishing everything, and everything keeps quiet.
        Slit tongue that produces atoms, and thistles, shabby sprigs,
                      sudden particles,
so that soon the World boils in a flood of arrows.
        So that soon this ritual Silence that comes after the humming,
spiral of hot ashes that Ether seeks, spreads,
              with its mallet of consummate rays, the scorching garden
where the gods polish the Glory of nectars that mortal lips
sang for their cruel rejoicing.

¡Para que pronto la Tierra estalle sin las hijas que la ardían!
Pues para que nazca todo, que más pronto muera.

Tiresias

Lacerante cadalso el Mundo, odiosa Lamia, odiosa guerra…
Bajo tus palmas cobrizas, lagar para polvo corintio, páramo para el retorno sin flama de las niñas, bruñidas de catalepsia, melancólico camal de metales y mortajas, acompasado de pestes incendia tu fuero.
Adonde vayas, se habrá de empozar el haber de la sangre, trabazón de los reinos, cargada de anélidos y toda auroral azufre.
Allí el corriente puñal corriendo en los inertes pellejos: la gran niñez repleta de hambre y desconsuelo, harpas abatidas negando la vida, sin hilo, por conocer a la Muerte.
Todo muere a tu alrededor, de estar en tu aire.
Donde gritan tu nombre nuevamente sucio los demonios, van las hijas, sin estrellas, depurándose las lonjas, por hilos.
Como cerdos, cenizos cielos, desde el ostión de la Sombra, allí sucumbirán hombres y mujeres a tu nefando, tórrido anhelo.
Todos llorarán de futuro, las manos asidas por lianas serpentinas.
Matanza y pavor. Perfidia hechicera y gordo dolor.
Frente al sol esplendente, la irradiación arcaica y los paternos meollos que ciernen uvas a lívidas, lázaras niñas, sin tocarlas, eternas ajenas.
Ante yermos pesebres, arrasados, y las sábanas raídas, crispados corazones, tajados los cogotes, inerme, el humano calor.
Desde el hacha dentada, fémures trizados y carnes rebanadas, bajo lluviosos tuétanos, lágrimas, disperso furor hacia los páramos de piedra…
¡Ay, siniestra Medea, pestífero efluvio, negro espejo de Maldad!
Dile al Mundo si has oído, acaso si has oído, en todo triste Jasón, el llanto derruido de Mérmera y Feras, degolladas, devastadas, desaladas?

La ráfaga hiriente de fuego auroral derrite el tejido: pendón destructible de luz, que se ala parida y doliente, en todo naciente, naciente… Con aires que borrascan cielos, brumas que sepultan rocío, estrellas que deliran lluvia, la Tierra tiembla pavorosa, como sial útero raído,
   pues no más piececitos tocarán abiertas, las sendas,
y para que todo arda, de su revés, vacío…

So that soon the Earth will burst without the daughters who burned her!
So for everything to be born, the sooner it dies.

Tiresias

Lacerating gallows the world, hateful Lamia, hateful war…
Under your coppery palms, press for Corinthian powder, paramo for the flameless
    return of the girls, gleaming catalepsy, melancholy abattoir of metals and
    shrouds, rhythmic of plagues set fire to your privilege.
Wherever you go, there will be pools of blood, bond of the kingdoms, full of anne-
    lids and all auroral brimstone.
There the current dagger running in inert skins: the great childhood full of hunger
    and disconsolation, dejected harps denying life, without thread, to get to
    know Death.
Everything dies around you, from being in your air.
Where they scream your name once again dark the demons, the daughters go,
    without stars, purifying markets, thread by thread
Like pigs, ashen skies, from the oyster of the Shadow, there the men and women
    will succumb to your abominable, torrid desire.
Everyone will cry for the future, hands fastened by serpentine vines.
Killing and dread. Bewitching treachery and mighty pain.
In front of the resplendent sun, archaic irradiation and the paternal cores that loom
    pale grapes, lazarus girls, untouched, eternal others.
Before barren mangers, obliterated, and threadbare sheets, tense hearts, sliced
    necks, defenseless, the human heat.
From the toothed axe, chopped femurs and sliced flesh, under rainy marrow, tears,
    scattered fury towards the stone paramos…
Oh, sinister Medea, pestiferous emanation, black mirror of Evil!
Tell the World if you've heard, perhaps if you've heard, Jason in total despair,
    the devastated weeping of Mermerus and Pheres, slit throats, devastated,
    unwinged?

The offensive gust of auroral fire melts the fabric: destructible banner of light, that flies away in tatters and mourning, in complete nascent, nascent… With winds that erase skies, mists that bury dew, stars that hallucinate rain, the Earth trembles dreadfully, like sial worn-out uterus,
    for no more little feet will touch open, the paths,
and so that everything burns, backwards, empty…

Recogido en sus doblados musgos, en plumas que son cenizas, en mares que son arena,
diluvia la marga arriba, porque algo sin más ha cambiado:
       el devenir de lo macabro ha triunfado,
y lo humano se trenza, aterido, como estática ala,
a la violencia del viento tras destructibles espigas:
       porque este es el invierno de los óvulos,
  ésta la tormenta de los sesos, el panteón de los futuros huesos
    que se magran en sus calcios,
      que se chupan en sus fibras,
       que se sangran en la lengua,
        que se yantan
       atroces y se quie-
         bran
         aso
          la
          d
          o
          s
          .
          .
          .

Collected in its folded mosses, in feathers that are ashes, in seas that are sand, it dilutes the marl above, because something has just changed:
the transformation of the macabre has triumphed,

and the human is twisted, frozen solid, like a static wing,
to the violence of the wind behind destructible spikes
because this is the winter of the ovules,
this is the storm of the brains, the pantheon of future bones
that are lean in their calciums)
that suck in their fibers,
that bleed on the tongue,
that eat atrociously
and they br-
eak
deva
sta
t
e
d
.
.
.

Translated by Paige Comstock

Tomás Modesto Galán

(República Dominicana)

NO HAY *COLLUSION*

(Canto infantil para *El payaso perverso*)

No hay *collusion*
poco importa si no he leído a Pushkin,
mi amor por los rusos
no incluyó leer poemas de Vladimir Mayakovsky
y no se extrañen si les digo la verdad,
todavía no he probado el vino sagrado de Joseph Stalin,
pero doy gracias a Dios y a la sin par *America First*.

No hay *collusion*.
La economía es fuerte
very strong, próspera.

He armado la inconsciencia del mundo
ahora se puede matar legalmente
extendimos la edad del crimen a 21 años
hasta los maestros pueden defender las tizas
con chalecos antibalas y armas justicieras.
El templo del conocimiento
cuida el pedestal de todos los dioses
no soy culpable de tanta sensualidad
amo los tormentos de este desierto lógico
inmune a la verdad
sin espejismos peligrosos.

No hay *collusion* en la revolución tecnológica
el impresor Gutenberg no tiene la culpa de sabotear el lujo sacerdotal
su imprenta no tiene la culpa de tanto exilio íntimo,
los dueños del capital financiero, tampoco.
Hay demasiada inocencia
en los hornos sagrados
de este infierno deficitario

No hay *collusion*
si cuestionamos la geometría sólida del uniforme invertebrado
la matemática mansa
de la pasión crepuscular de los muros golosos de *Wall Street*
aún hay ciencia medicinal para la voracidad de todos,
pero no hay *collusion*

THERE IS NO COLLUSION
(Children's poem for *The evil clown*)

There is no collusion
It matters little if I haven't read Pushkin
My love for the Russians
didn't include reading poems by Vladimir Mayakovsky either
and don't be surprised if truth be told,
I'm yet to try Joseph Stalin's sacred wine
But I thank God and the unparalleled America First

There is no collusion
The economy is strong
very strong, prosperous.

I have armed the world's unconsciousness
now you can kill legally
we extended the legal age to 21
even teachers can defend their chalk
with bulletproof vests and righteous guns.
The temple of knowledge
cares for the pedestal of the gods
I'm not guilty of such sensuality
I love the torments of this logical desert
immune to the truth
without dangerous mirages.

There is no collusion in the technological revolution
Maestro Gutenberg is not to blame for sabotaging priestly luxury
his press is not to blame for so much intimate exile,
neither are the equity owners.
There is too much innocence
in the sacred ovens
of this deficit hell.

There is no collusion
if we question the solid Geometry of the invertebrate uniform
the tame math
of the twilight passion in Wall Street's greedy walls
there is still medicinal science for everyone's voracity
but there is no collusion

no se enojen demás ni de menos
ya la verdad no se puede demostrar contemplando un girasol,
si vamos a desnuclearizar el sentimiento,
qué importa la santidad del *Establishment*
si detrás de cualquier *Black Lives Matters*
hay un Barack Obama.
Sin ambición imperialista
no puede haber *collusion*.

Este papa argentino es demasiado progresista
para salvar la civilización
de la piedad del cristianismo
no hay *collusion* en los tal vez
ni siquiera en un quizás ardiente
podemos interrogar el alfabeto de este esperanto obligatorio
sin la presencia
de un investigador especial
en la promoción de las deportaciones
si hicimos más de doscientos millones
con el éxito cinematográfico de *las panteras negras*.
No hay *collusion* en las camas previas
a la historia del papel higiénico
no hay suficiente desilusión
para llenar el habla
de palabra agudas y absurdas
hay un desfile de moda enfermizo
en la *oficina oral.*
No hay *collusion* en Siria
ni en Yemen.
Tampoco hay *collusion* en la destrucción
del medio ambiente
ni en los tira piedras palestinos
ni en la demolición zodiacal de mi casa
no me duele dinamitar un pino
atacar con un misil una silla de ruedas sin usuario
para llenarme los oídos de cemento.

No hay *collusion* si institucionalizamos
una noción de progreso y regreso
sin límites contradictorios
si la poesía siempre fue improductiva

don't be too mad or to too complacent
truth can no longer be proven looking at sunflowers
if we are going to denuclearize feelings,
who cares about the holiness of the Establishment
if behind any Black Lives Matter
there is a Barack Obama.
Without imperialist ambition
there cannot be collusion

This Argentine pope is too progressive
to save civilization
from Christianity's piety.
There is no collusion in the perhaps
not even in a fiery maybe
we can interrogate the alphabet of this compulsory Esperanto
without the presence
of a special investigator
in the promotion of deportations
if we made over two hundred million
with the Black Panthers cinematic success.
There is no collusion on the beds prior
to toilet paper's history.
There is not enough disappointment
to fill the speech
with sharp and absurd words
there is a sick fashion show
in the *oral office*.
There is no collusion in Syria
nor in Yemen.
There is also no collusion in the destruction
of the environment
nor in the Palestinian protesters
nor in the zodiacal demolition of my house
it doesn't hurt me to dynamite a pine tree
to blast an empty wheelchair with a missile
to fill up my ears with concrete.

There is no collusion if we institutionalize
a notion of progress and regression
without contradictory limits
if poetry was always unproductive

como el lujo de los payasos,
y el pasado y el presente
no se entran a puñetazo limpio,
hasta que nazca la orquídea inesperada
en alguna esquina de Charlottesville
y no imploremos que la lucha sea a tres caídas
o se desaten las greñas contra la cabeza dura
del *payaso perverso*.
No he leído la ortografía de noviembre
pero no puede haber *collusion*
si el portero del rey de la ley íntima
sufre de ser judío
y no quiere ser filisteo.
Yo tampoco soy ateo de profesión
no hay sentido pésame
en la ortografía de la palabra *collusion*
y mucho menos en el legado presente de la asociación Saudita.

No hay *collusion* en Parkland
ni en el *Kama Sutra* del pasado
no hay *collusion* en los condones
sagrados de tanta comunión aterradora
de los crímenes mundanos que embellecen
la nutrición televisiva
no hemos superado el deber
de vivir bajo una riqueza decisiva
no hay *collusion* en las deudas impagables
ni en las siglas de la seguridad nacional.
Pregúntense una vez más por qué
lanzamos repollos putrefactos contra
las cruces baratas de los cristeros lambones y humildes
de un mundo infectado de inocencia depredadora.
No hay *collusion*.
No hay *collusion*
si se pudren las uvas de la playa bondadosa
a centímetros de los quesos
de la eterna Alianza para el Progreso.
No hay *collusion* en el *Security Council*
si privatizan el seguro social
ni si venden mi seguro médico
a una compraventa de infamias

like the luxury of clowns
and the past and present
don't get in clean punches
until the unexpected orchid is born
in some corner of Charlottesville
and we don't implore a best of three fight
or to rip out the dreadlocks
of the *evil clown's* hard head.
I haven't read November's memo
but there cannot be collusion
if the gate keeper of the intimate law's king
suffers from being Jewish
and doesn't want to be a Philistine.
I'm not an atheist by trade either
There are not heartfelt condolences
in the spelling of the word collusion
and even less in the present legacy of the Saudi association.

There is no collusion in Parkland
nor in the ancient *Kama Sutra*
there is no collusion in the sacred condoms
of so much terrifying communion
of the mundane crimes that embellish
TV's nutrition.
We haven't overcome the duty
of living under a decisive wealth
there is no collusion in unpayable debts
nor in the homeland security's initials.
Ask yourselves once again why
we launch rotten cabbages against
the cheap crosses of humble and servile *Cristeros*
of a world infected by predatory innocence.
There is no collusion.
There is no collusion
if the grapes from the benevolent beach rot
inches away from the cheeses
of the eternal Alliance for Progress.
There is no collusion in the Security Council
if they privatize social security
nor if they sell my health insurance
to a defamation trade.

no hay *collusion* bajo el viaje del último Castro
ni contra los castrados por la dicha imperial.
No hay *collusion*.
Nunca hubo.
Cristo no tiene tiempo de estrenar
su viejo látigo, lo pudrió el tiempo.
No hay *collusion*
si luchan las togas contra el monopolio
del nefasto y cordial desfile de moda
cualquier domingo acumula fe insuficiente
rociamos un perfume funeral por si protestan demasiado
me hubiera gustado ser arquitecto
un sinvergüenza importador de gárgolas.

Hay que saborear la monotonía
de los corredores culturales
de la opresión hermosa
de la civilización dictatorial
para inaugurar un pensamiento nuevo.
No hay collusion si nos aburrimos
del espejismo del derecho romano
o si en la revolución judicial
hay una peste periodística
y si sucede otra retórica en el corazón
de los abogados del diablo,
el viejo Marx ignoraba el maquillaje de circo
la insurgencia de un heroísmo necesario.

Lamentablemente la cultura universitaria ha muerto
hay demasiados centros de perdición celebrando la cultura
a menudo entran en un salón de clase
a observar el cadáver de una hecatombe
reducida a 108 huesos inútiles
y todavía no podemos saber si hay *collusion*
si la retórica del derecho a la vida
no defiende más honor que un *panty*
paga por los secretos de un himen
hay que proteger el falo imperial de cualquier catástrofe.

There is no collusion under the journey of the last Castro
nor against those castrated by imperial bliss.
There is no collusion.
There never was.
Christ has no time to break in
his old whip, it rotted over time.
There is no collusion
if the togas fight against the monopoly
of the disastrous and cordial fashion show
any Sunday accumulates insufficient faith
we scatter a funeral spray just in case they protest too much
I would have loved to be an architect
a shameless importer of gargoyles.

You have to taste the monotony
of the cultural corridors
of the beautiful oppression
of the dictatorial civilization
to start a new thought.
There is no collusion if we get bored
with the mirage of Roman law
or if in the judicial revolution
there is a journalistic plague
and if rhetoric takes place in the heart
of the devil's advocates
Karl Marx ignored the make-up of the circus
the insurgency of a necessary heroism.

Unfortunately the college culture has died
there are too many centers of perdition that celebrate culture
they sometimes enter a classroom
to observe the cadaver of a hecatomb
reduced to 108 useless bones
and we still can't know if there is collusion
if the rhetoric of the right to life
doesn't defend more honor than a pair of panties
pays for the hymen's secrets
you have to protect the imperial phallus from any catastrophe.

Los feminicidios de la ternura
aseguran las piernas de una diva
la verdad legal es suntuosa
inaugura una moda feminista
para ocultar un feto tardío hay placenta humanitaria
podemos prorrogar la deshumanización
de la ternura de las Ligas Negras
de la intimidad del humo
para un secreto de estado
hay derecho a un *Habeas corpus*

No hay *collusion*.
Nunca hubo *collusion*
si desapareció la diplomacia de las aceitunas
de la hispanofilia
si la libertad de prensa fue el mito
bienhechor del desamparo
no hay *collusion* durante este regreso
a la prehistoria contemporánea
sería bueno liberarme consumiendo
el silencio de tanta horizontalidad
indiscreta y coqueta
duele que me aíslen
de tanta degradación incomprensible
puedo aprender a morir rápidamente
hay que defender las habichuelas negras
aunque luego adopte las rojas
y luego me dé con reservar algunas blancas
para una orgía angelical
a lo mejor se pueden rescatar
los restos de la desesperanza.

The femicides of tenderness
assure the legs of a diva
the legal truth is sumptuous
it begins a feminist fashion
to hide a late fetus there is a humanitarian placenta
we can extend the dehumanization
of the tenderness of the Negro Leagues
of the intimacy of the smoke
for a state secret
there is right to *"habeas corpus"*

There is no collusion.
There never was collusion
if the diplomacy of the olives disappeared
from the Hispanophile
if press freedom was the benefactor
myth of neglect
there is no collusion during this return
to contemporary prehistory
it would be good to free myself
consuming the silence of so much charming
and indiscreet flatness
it hurts me to be isolated
from so much unfathomable degradation
I can learn to die fast
one must defend the black beans
even if I adopt the red ones later
and then I opt for keeping the white ones
for an angelical orgy.
Maybe the remnants of despair
can be rescued.

Translated by María Postigo

Samuel Gregoire

(Haití)

Powèt lan

A José Valle Parreño

Gen de fwa lajounnen an te konn di la lin an
yon adye ipokrit.
Se te menm ti kapris sa byen fre
Maten sa ki toujou ap chape
De adolesans.
Ou petèt se te yon solèy ti joujou,
Ti joujou tèt pal,
Ti joujou pesònn.

Vè zòn midi,
Ou pat gen gou sansyèl vayevyen
Sèks ou yo ki kouche sou bò yon peyizaj
Kap domine yon lanmè ki eksite.
Ou te mòso chante sa
Lè'm te kann rale solèy maten
Nan pwi espas tan mwen.
Ou te konn ale nan pie lave yon ti mòn,
Kote ou te konn transfòme tèt ou an pye bwa etimoloji
Avèk rasin enpenetrab
Kak grandi nan vitès limyè
Sou zye mwen tou dousman.

Ou menm ak orijin mwen yo
Se te toujou menm obsesyon
Ki te konn fè'm beni non komen yo.
ti syèl mwen an ap dòmi,
e map panse...

ou menm ak orijin mwen yo
de kontinan,
yon ka e lot ka zile an.
M'te konn rann kont mwen ke latè antyè se te yon zile,
Mwatye ble, mwatye vèt
Mwatye makawon, mwatye skèlèt.
Mwen tap dòmi...

Mwen te anlè nan syèl la,
Rèv mwen yo te konn bare
Tout mouvman foli yo.
Mwen te konn wè yo ponyen grènn patriyòt sanginè
Kap plen ravin yon frontyè
Kap anglouti yon vomi fyèl.
Mwen te konn wè ou
Abiye ak pyebwa nwaj
Nan yon papòt zefi.
Laglwa ou nan gagànn wouj
Tampèt luwanj yo.

Ou te fanm dife esansyèl sa,
Mwatye mantò, mwatye afektye,
Mwatye chalè sa kap grenpe sou atòm
zile fòm boul sa.
Pat ko gen non
Pou kouch chalè sa,
Pèsònn pat oze ba'l non….

Ou menm ak orijin mwen yo,
Istwa rakonte nan makrèl,
Nan palè,
Nan palè makrèl.
Ti pawòl payen an,
Yon mòso eklips,
Yon mòso limyè pwazon,
Yon mwatye lalin nan fant janm ou,
Tan mwen yo branche
Nan jikstapozisyon paj ou.
Plezi,
Kri

Anpil ma spèm, dyare vèbal.
Nesans pitit powèm lan,
Ti stròf peche sa.
Lapriyè moral ki gen gou rans lan
Te pentire syèl ble
Ki nan maten lejann nou yo,
Tankou yon tizanj kap plenyen
Ki plen ak sekrè gòg magòg.

Tabou, lòm fòje
Powetik, lòm vajinal.

Ou menm ak orijin mwen yo,
Pafwa bri fèb
Yon ti bèt malelve
Se te pi gwo dezakò an.
Ou te konn chape anba zye'm
Ak ti kal kredibilite yon paradi byen mèg.
Rèv pini lezòm yo,
Se te fantòm pak kochon ak fado li
Ki te konn fè'm envante pròp tèt mwen
E aprè manje pròp tèt mwen anko.

Ou te konn chape kò'w
Lè'm te wè ou monte sou mabouya
Ki tap rele van egzil ou.
Ou te konn chape kò'w
Pandan ke lezòm te sispann
Chase zombi'l yo
Pandan ke yo te sispann
Chase baka'l yo
Pandan ke yo te sispann
Trase ang nan paralèl
Egoyis yo.

Pafwa mwen te konn tann
Ke cheve blanch sòti nan tèt solèy lè'l te nan limit syèl la.
Mwen te konn ale nan powèm lan
Nan mitan mònn sentaks yo
jwenn yon aksantegi
Pou libète bèbè mwen an.
Mwen te konn ale nan powèm lan
Pou'm ka jwen ki moun mwen ye
Nan zantray ou,
Pou'm ka jwenn ki stil de powèt mwen ye,
Kap grenpe
Sou pwoz ou yo ak vèsè vetebre ou yo.
Ou menm ak orijin mwen yo
Se te toujou menm obsesyon
Ki te gen menm pwen nan tout rèv mwen yo

Pandan ke revèy mwen tap etènn limyè an
Mwen te rann kont ke lespwa mwen te dekonpoze
Nan spiral pikan frontyè yo
Kote pa gen bondye ki mache plis ke lòt bondye yo.

Monchè powèt…
A la fen pwezi an pa yon lojik lanmou
Se zepòl sivilizasyon li ye
E chak sivilizasyon se yon pòno la vyolans.

El poeta

A José Valle Parreño

A veces el día decía un adiós hipócrita
a la luna llena.
Era siempre el mismo capricho fresco
de la mañanita que siempre se escapaba
de la adolescencia.
O tal vez era un sol payaso,
payaso de él mismo,
payaso de nadie.

A mediodía,
no eras el voluptuoso sabor de los vaivenes
de tu sexo costeado sobre la vera de un paisaje
que capitulaba un mar convulso.
Eras el pedazo de esa canción
cuando yo sacaba el amanecer
del pozo de mi espacio tiempo.
Ibas en los pies lavados de una loma,
te hacías el árbol de etimologías
con raíces insondables
creciendo a la velocidad de la luz
sobre mis ojos lentos.

Tú y mis orígenes
eran siempre la misma obsesión
que me hacían bendecir nombres comunes.
Mi pequeño cosmos duerme,
y yo pienso...

Tú y mis orígenes,
dos continentes,
una cuarta y otra cuarta de una isla.
Me daba cuenta de que la tierra entera era una isla,
mitad azulada, mitad verdecida,
mitad grotesca, mitad esquelética.
Yo dormía.

The Poet

> To José Valle Parreño

Sometimes the day said hypocritical farewells
to the full moon.
It was always the same fresh whim
of a sneaky morning who escapes
the adolescence.
Or maybe it was the Sun clowning,
clowning him,
clowning none.

At noon,
you were not the voluptuous flavor of the ups and downs
of your costly sex floating on the landscape
taming an excited ocean.
You were a piece of a song
when I woke up to the sunrise
from the deepest well of my time space.
You were on the shining feet of a knoll,
becoming an etymology tree,
with bottomless roots
growing fast as speed light.
over my slow eyes.

You and my origins
were always the same obsession
making me blessed common names.
My tiny cosmos sleeps,
and I meditate…

You and my origins,
two continents,
one quarter and a quarter of my island.
I realized that the entire earth was an island,
half blue, half green,
half grotesque, half emaciated.
I slept.

Yo estaba encima de la esfera,
mis sueños esquivaban
los jinglados de un absoluto delirio.
Yo veía un puñado de semilla jingoísta
colmando el abismo de una frontera
engullendo un vómito de hiel.
Yo te veía
entre la jamba de una puerta de céfiro,
vestida de árboles de nubes.
Tu esplendor en la garganta roja
de una tempestad de odas.

Tú eras esa mujer del intrínseco fuego,
mitad mentiroso, mitad cariñoso,
mitad de ese calor trepado sobre los átomos
de esa isla de esfera.
No había aún un nombre
para esa capa caliente,
nadie osaba darle nombre…

Tú y mis orígenes,
historia contada en burdeles,
en palacios,
en palacios burdeles.
La pequeña palabra pagana,
un trozo de eclipse,
un trozo de luz venenosa,
una media luna entre tus piernas,
mis horas sincopadas
en la yuxtaposición de tu página.
El placer,
el grito,
charcos de espermas, verborreas.
El nacimiento del niño poema,
la pequeña estrofa pecaminosa.
El jaculatorio de un acre moral
repintaba ese cielo azulado
de nuestras albas épicas,
en un módico angelote jeremíaco
colmado de secretos de Gog y Magog.

I was on top of the sphere,
my dreams avoided
the joyfulness of an absolute delirium.
I saw a fistful of joyful seeds
fulfilling the abyss of a frontier
gobbling a bitter vomit.
I used to look at you
through the door jamb of a zephyr door,
 attired with a tree of clouds.
Your splendor of your red throat
of a tempest of odes.

You were that woman of the intrinsic fire,
half liar, half affectionate,
half of that perforation over the atoms
of the sphere island.
There was no name yet,
for that hot layer,
no one dared to named it…

You and my origins,
story be told in brothels,
in palaces,
in brothels palaces.
The small pagan word,
a piece of an eclipse,
a piece of a poisonous light,
a halfmoon between your legs,
my syncopated hours
on the juxtaposition of your page.
The pleasure,
the scream,
puddles of semen, verbal diarrhea.
The birth of a poem boy,
the little sinful verse.
The ejaculatory prayer of a moral acre
repainting the blue sky
of our epic dawn,
on a modest jeremiac angel painting
full of Gog and Magog secrets.

(*Tabú, el hombre hecho
poético, el hombre vaginal.*)

Tú y mis orígenes,
a veces el pequeño grito
de un insecto insolente
era la discordia.
Tú te escapabas de mis párpados
con el lapso verosímil de un paraíso esbelto.
Los sueños castigados del hombre,
eran fantasmas zahúrdas con su yugo
que me hacía inventarme a mí mismo
y luego comerme a mí mismo.

Tú te escapabas de mí
cuando te vi montado sobre el mabuya
que llamaba el viento de tu exilio.
Tú te escapabas
mientras los hombres cesaban
de cazar sus zombis,
mientras ellos cesaban
de cazar sus cucos,
mientras ellos cesaban
de trazar ángulos entre paralelos
de ego.

A veces yo esperaba
que el sol se encarneciera sobre el horizonte.
Yo iba hacia el poema
entre colinas de sintaxis
buscando un acento agudo
a mi libertad muda.
Yo iba hacia el poema
buscando el hombre que soy
en tus entrañas,
buscando el poeta que soy,
trepado sobre
tus prosas y tus versos vertebrados.
Tú y mis orígenes
eran siempre la obsesión isotrópica
en todos mis sueños.

(*Taboo, the man-made
poetic, the vaginal man.*)

You and my origins,
sometimes a tiny scream
of an insolent insect
that was the discord.
You were escaping from my eyelids
with the plausible span of a slim paradise.
The punished dreams of man,
they were dodgy ghosts with their yoke
that made me invent myself
and then eat myself.

You were escaping from me
when I saw you on top of a *mabuya*
that was calling your exile breeze.
You were escaping
while the men ceased
of hunting zombies,
while they ceased
of hunting monsters,
while they ceased
of tracing an angle between parallels,
the ego.

Sometimes I waited
for the Sun to get bigger over the horizon.
I was moving towards the poem
between mountains of syntaxes
looking an acute accent
for my mute liberty.
I was moving towards the poem
looking for the man that I am
in your guts,
looking for the poet that I am
riding over
your vertebrate proses and verses.
You and my origins
were always an isotropic obsession
in all my dreams.

Mientras mi despertar apagaba la luz,
Mi esperanza se desvanecía
en las espirales espinosas de las fronteras
donde no hay dioses más errantes que otros.

Al poeta...
Al final la poesía no es una lógica del amor
Es el cimiento de la civilización
Cada civilización es una porno de violencia.

While my awakening turns off the lights,
My hopes vanished
on the spawn spiral frontiers
where the gods are all equal.

To the poet…
At the end of the poem there is not a logic for love
It is the foundation of the civilization
Every civilization is a porno of violence.

Translated by Ramón Martínez

Rodolfo Häsler

(Cuba / España)

Rosa de Sarajevo

Habla con la voz trémula
de los seres dañados,
la memoria se desliza
por el brillo del escalpelo
que insiste en la mente,
enseña una fotografía de años atrás
con olor a cerrado,
descubro la ciudad en su explicación,
el mundo retumba,
pero no es el mismo lugar,
un fragmento de fachada cae
y tiembla la vida,
a sorbos bebe la rosa
de los degollados,
el miedo se sube a la corriente,
debajo de los puentes,
junto a los márgenes
donde se estanca el vacío,
la pulpa de cereza se amontona
en la piel,
dentro cabe la voz del poeta
que todo lo vio
conozco el significado de sus palabras,
decir granate es decir espanto,
decir perturbación,
decir la mala suerte
en el vuelo de una sonrisa,
confieso que permanece debajo del puente,
festina lente,
aumenta el desconchado de la pared
mientras todos fuman la colilla
de la traición,
la lámpara azul de Bosnia
es una gota de sangre
pegajosa
suena el violín en los cafés,
veo pasar el entierro
de la palabra prohibida,
una estrella se hace trizas

Rose of Sarajevo

It speaks with the tremulous voice
of damaged beings,
the memory slips
by the scalpel's shine
insisting on the mind,
It shows a photograph from years ago
with a smell of resolution,
I discover the city in its explanation,
the world rumbles,
but it is not the same site,
a fragment of the facade falls
and life trembles,
the rose sips and swallows
from slit throats,
fear climbs over the current,
under the bridges,
next to the margins
where emptiness stagnates,
the cherry's pulp piles up
on the skin,
the poet's voice fits inside
he has seen it all
I know the meaning of his words,
to say garnet is to say fright,
to say disturbance,
to say bad luck
in the flight of a smile,
I confess that it remains under the bridge,
festina lente,
the chipping of the wall intensifies
while everyone smokes from the butt
of the betrayal,
the blue lamp of Bosnia
is a drop of blood
sticky
the violin sounds in the cafes,
I see the funeral pass
by from the forbidden word,
a star is shattered

frente al mercado,
nadie camina
sin pisar el odio,
una nota almizclada
se retuerce en el aire
cierra las persianas
de la habitación,
trae olor a cevapcici en los dedos,
enjabona el cuerpo
para subir la complicidad,
cómo morder carne adorada,
mastico las partes blandas,
arrugo la frente
y arrojo el hueso sobre las cúpulas
de la sinagoga,
de noche llueven hojas doradas de abedul
que proponen un acertijo,
salta más allá del tiempo,
es una pregunta imposible,
un lirio habla de obstinación
en el huerto del cocinero,
se apoya en la empuñadura,
anuncia que se derrama
y grita benditos sean,
una flor del revés
en el plato de la cena
me exige que escriba,
dame una pluma,
la dicha avanza entre espinas
y se muere en este hotel,
quiere una confesión
en el café turco,
descifra el porvenir,
pide
huir,
escapar
una rosa, una flor,
el viento carga
su signo, se reduce
a la esencia,
nada es igual después de tocarla,
se inclina y ora

by the market's front,
nobody walks
without stepping on hatred,
a scented note
twists in the air
close the blinds
inside the room,
bring the smell of cevapcici on the fingers,
soap up the body
to upturn complicity,
how to bite adored meat,
I chew on the softer parts,
I frown the forehead
and throw the bone over the cupolas
of the synagogue,
golden leaves of birch rain at night
they propose a riddle,
jump beyond the time,
it's an impossible question,
a lily speaks of obstinacy
at the cook's garden,
it rests on the handle,
announces that it spills
and shouts blessed be they,
a flower from the reverse
on the dinner plate
commands me that I write,
give me a pen,
elation advances among thorns
and dies in this hotel,
it wants a confession
at the Turkish coffee,
deciphering the future,
asking
fleeing,
escaping
one rose, one flower,
the wind carries
its sign, reduced
to its essence,
nothing is the same after touching it,
it bows down and prays

frente a la belleza
del fragmento,
rebuscando el aire caliente,
en la clave musical,
se apodera de mí
y me mareo mientras visito el museo,
viajo en un renqueante tranvía amarillo,
a mi lado Lucky Joe
me habla del milagro de la sangre,
de la rosa de sangre
en el juego de la vida,
la forma de un caracol
donde escuchar atentamente
la luz del cuerpo,
repito mi bautismo
en la fuente de la ceniza,
baila sin parar,
un lápiz inclinado
llena la página en blanco,
se agria el pan, se oscurece el té,
veo tirar de la punta
del hilo que más aprieta
esparce las esporas de la metralla,
pétalos que se pegan a la frente,
al caer la tarde duermes
a la intemperie del cementerio
y se juntan todas las rosas,
la rosa sin dueño de Celan,
la rosa sellada del desierto
que muerde la claridad de la noche,
la indestructible rosa geométrica
del jardín de Leminski,
la rosa sefardita plantada en los Balcanes,
el hueco bajo el sol donde arden las palabras, el cáliz
de la embriaguez, lo bebes al despertar mientras todos huyen
al otro lado de las montañas siguiendo el recorrido del viento,
verde oro de un día en el intestino de la patria,
para sentir la floración de la primavera, cadena cotidiana de trabajo y placer,
ascender y tocar la nieve, pero sólo existe la visión de la sangre,
corazón que late en cada enterramiento, en el turbante
de piedra, en la memoria de un verso que se mete en la niebla
para dar luz a los almendros,

before the beauty
of a fragment,
searching for hot air,
in the musical key,
it takes over me
and I get dizzy while I visit the museum,
I travel on a limping yellow tram,
Lucky Joe by my side
telling me about the miracle of blood,
of the bloodied rose
in the game of life,
the shape of a snail
where to listen carefully
the light of the body,
I repeat my baptism
in the fountain that flows ash,
dancing non-stop,
a leaning pencil
fills the blank page,
bread sours, tea darkens,
I see the tip pulling
from the thread that tightens
spores scattered by the machine gun,
petals piercing the forehead,
as the sun goes down you sleep
in the open air of the cemetery
and all the roses come together,
the rose with no owner from Celan,
the sealed rose of the desert
that bites the clarity of the night,
the indestructible geometric rose
from Leminski's garden,
the Sephardic rose planted in the Balkans,
the hollow under the sun where the words burn, the chalice
of inebriation, you drink it when you wake up while everyone runs away to the
other side of the mountains following the path of the wind,
green gold from a day in the intestine of the homeland,
to feel the blooming of the spring, a daily chain of work and pleasure, ascend and
touch the snow, but there is only the vision of the blood,
heart that beats during each burial, in the turban
of stone, in the memory of a verse that gets into the fog
to give light to the almond trees,

el fruto blanco como el mazapán,
y visitar al poeta Izet Sarajlic
sentado ante su minúscula taza
consumiendo la flor, repite
sea esta la ciudad en la que moriré,
almendro,
ortiga,
la rosa
seca sobre el asfalto
un golpe en el ojo,
me tambaleo
y caigo en el charco,
el líquido fuerte me baña por completo,
un accidente para sentir la ciudad,
la luna se ha juntado
en la taberna donde beben agua de fuego,
en mi torpeza bebo de la botella
y descubro una ciruela azul
como las que maduran en el jardín de al lado,
varias lunas iluminan
los paseos nocturnos
contando los pequeños mercurios
que rematan las fachadas,
cuántas señales deshabitadas
copio al carboncillo de mi cuaderno,
los perros flacos
que ocupan los zaguanes
de la ciudad que tantas veces me ha hecho
aullar como un perro,
sin corazón   sin aliento
en vilo   por dar en la diana
siempre así
suelo resbaladizo,
el charco de sangre negra,
rosa negra
de
la
completa
abyección.

the white fruit like marzipan,
and visit the poet Izet Sarajlic
sitting before his tiny cup
consuming the flower, repeats
let this be the city where I die,
almond tree,
nettle,
the rose
dried upon the asphalt
a blow to the eye,
I stagger
and fall into the puddle,
the strong liquid bathes me entirely,
one accident to feel the city,
the moon has gathered
in the tavern where firewater is swallowed,
in my clumsiness I drink from the bottle
and I discover a blue plum
like those that ripen in the garden next door,
various moons illuminate
the nocturnal strolls
counting the small Mercuries
embellishing the facades,
how many uninhabited signs
I copy in charcoal in my notebook,
the skinny dogs
that occupy the doorways
of the city that so many times has made me
howl like a dog,
without heart   without breath
in suspense   for hitting the bullseye
always like this
slippery floor,
the pool of black blood,
black rose
of
the
complete
abjection.

Traducido por Ever Rodríguez

Paulo Huirimilla Oyarzo

(Chile)

A PROPÓSITO DE LOS 4 SONETOS DEL APOCALÍPSIS

Para Amanda Harris y Amado Láscar

los que mueren por la vida
no pueden llamarse muertos

Alí Primera

1. El mundo

Jesús John Lennon Horus Bob Marley
Martin Luther King Juana de Arco
Trotsky García Lorca Miguel Hernández
Mahatma Gandhi los árabes de Irak y

Palestinos; los esclavos vendidos y muertos en Bristol
Los judíos no Sionistas del Holocausto
Durruti; los muertos de la plaza de Tiananmen
Los luchadores de Vietnam. Marilyn Monroe

Tupac Shakur Ana Bolena los 2 millones de niños
Y niñas infectados de Sida en África
Los chicanos desaparecidos en las cárceles del imperio.

Los osos polares; los presos de transferencia
De las cárceles secretas. Patricio Lumumba
Los obreros muertos en Chicago en la Horca.

2. Latinoamérica

La matanza de la carne. Julián Grimao
Roberto Ahumada, Miguel Ángel Aguilera
La matanza de San Luis de Potosí
La matanza de la salitrera de la Coruña.

Macedo. Chico Méndez. Roque Dalton.
Murieta. El Che. Sandino.
Los muertos de la ocupación del canal de Panamá Zapata.
Los hombres y mujeres del Moncada.

Los DD y asesinados de las dictaduras.
Los emigrantes muertos en las fronteras. Joaquín Pasos.
…del bajo pueblo
…
…infinito periódico

SPEAKING ABOUT THE FOUR SONNETS OF THE APOCALYPSE

To Amanda Harris y Amado Lascar

*those who died in the name of life
cannot be called deceased*

Ali Primera

1. The world

Jesus John Lennon Horus Bob Marley
Martin Luther King Joan of Arc
Trotsky García Lorca Miguel Hernández
Mahatma Gandhi the Arab from Iraq and

Palestinians; the slaves killed at Bristol
The Zionist Jews from the Holocaust
Durruti; those who died at the Tiananmen square
The fighters of Vietnam. Marilyn Monroe

Tupac Shakur Ana Boleyn the 2 million boys
and girls infected by HIV in Africa
The *chicanos* disappear from the jails of the Empire.

Polar Bears; the transferred prisoners
from hidden jails. Patricio Lumumba
The workers who died in the gallows in Chicago.

2. Latin America

The murder of the flesh. Julián Grimao
Roberto Ahumada, Miguel Ángel Aguilera
The massacre on *San Luis Potosí*
The massacre of the saltpeter at the *Coruña*.

Macedo. Chico Méndez. Roque Dalton.
Murieta. El Che. Sandino.
The people killed in the occupation of the Panama Canal
Zapata. The men and women of Moncada.

The DD and those killed by dictatorships.
The deceased emigrants at the borders. Joaquín Pasos.
...From the lower towns
...
...endless newspaper

3. Chile

Víctor Jara. Miguel Henríquez.
Los 3.600 obreros de la escuela Santa María.
Manuel Rodríguez. Los Neira de Teno
Los Montoneros. Los hermanos Carrera.

Los Pincheira. El argentino Meléndez.
Julio Varela. Los Hermanos Vergara.
Los chilotes envenenados en caleta Tortel
El barco de Ibánez. Los Niños arrojado a los basurales.

Allende, Los de Neltume. Rodrigo Cisterna.
Pierre Jardán. Parada. Guerrero. Nattino.
La matanza de Pampa Irigoin:

Robison Montiel Santana L. Alderete
J. Flores H. Aros A. González J. Santana.
J. Cárdenas F. Cabrera W. Vargas H. Ruiz.

4. Indígenas.

36 Millones de indoamericanos: Atahualpa
Moctezuma Leftraru Tupac Katari
Jerónimo y los pueblos que siguen venados y búfalos
Magiñ Huenu y su hijo Külapán

Lemun Catrileo Huentecura Huenante. La guerra a muerte.
Los mayas quiché torturados y quemados en Guatemala
Los Koori y sus hijos robados. Las plantas medicinales.
Los indígenas exterminados en la isla de Tasmania

Los Loncos reunidos y quemados en una ruca Mariquina
Los muertos mapuches por frazadas infectadas de viruela en Panguipulli
Tupacamaru. Los peces de los ríos que se secan.

Los osos polares, el huemul. Kautemoc. Los árboles.
La matanza de Cumileufu, Forrahue, Ranquil y Lonquimay
La guerra biológica. La guerra a muerte. La guerra del agua.

INFINITO PERIÓDICO…

los que mueren por la vida
no pueden llamarse muertos

Alí primera

3. Chile

Víctor Jara. Miguel Henríquez.
The 3,600 workers of the school Santa María
Manuel Rodríguez. The Neira de Teno
The Montoneros. The Carrera's brothers.

The Pincheira. Meléndez, the Argentinian.
Julio Varela. The Vergara's brothers.
The poisoned *chilotes* at Caleta Tortel
The boat from Ibáñez. The children thrown to the garbage dumps.

Allende, The one from Neltume. Rodrigo Cisterna.
Pierre Jardán. Parada. Guerrero. Nattino.
The masacre at Pampa Irigoin:

Robison Montiel Santana L. Alderete
J. Flores H. Aros A. González J. Santana.
J. Cárdenas F. Cabrera W. Vargas H. Ruiz.

4. Natives

36 Million of native americans: Atahualpa
Moctezuma Leftraru Tupac Katari
Jerónimo and the towns that hunt deer and buffalos
Magiñ Huenu and son Külapán.

Lemun Catrileo Huentecura Huenante. The deadly war.
The quiché Mayan tortured and burned in Guatemala
The Koori and their stolen children. The medicinal plants.
The exterminated indigenous people from the Tasmania island.

The Loncos reunited and burned in a hut at Mariquina.
The killing of the mapuches from blankets infected with chickenpox at Panguipulli
Tupacamaru. The fish from dried rivers.

The polar bears, the huemul. Kautemoc. The trees.
The massacre of Cumileufu, Forrahue, Ranquil y Lonquimay
A biological war. A dreadful war. A water war.

ENDLESS NEWSPAPER...

those who died in the name of life
cannot be called deceased

Ali primera

URGENTE

> *Apenas mi voz levanto*
> *para cantar despacito*
> *que el que se larga a los gritos*
> *no escucha su propio canto.*
>
> Atahualpa Yupanqui

I

36 Millones de muertos en nombre de su dios
representados en perros de caza
que muerden el vientre de nuestras madres
y padres sembrados.
Heme aquí en el infinito mar de los sargazos
esperando partan a sus tierras
en sus barcos ahora de hierro
que desaparecen peces
y el agua de los humedales
y la neblina de las cascadas celestes
y de las vertientes de los remedios
y de los almácigos y geranios.
Cuando escucho tu canto desaparecido
y mi canto desaparecido
vuelvo a recordar tu memoria
que es mi propia memoria
que renace como el fuego
que removemos en las brasas
que levantan nuevamente
la flor de la ceniza
para así de nuevo conversar.

II

El gran espíritu nos envía unir nuestra palabra
con un solo pensamiento:
pero carabinero Mariman qué haces
con tus propios hermanos matándolos
con la bala de hierro
llevando la antigua peste blanca.
Cuántas dádivas recibes del Aparato de Capital

URGENT

I could barely shout out loud
to sing in a lower voice
than the one who got out screaming
doesn't hear his own song.

Atahualpa Yupanqui

I

36 million died on the name of their god
represented in hunting dogs
whom devoured our mother's womb
on our harvested fathers.
Here I am in the seagrass infinite sea
waiting for them to go back to their lands
on their iron ships
that killed the fishes of the sea
and the water of the wetlands
and the fog of the celestial waterfalls
and the remedy slope
and the cooper wood and geraniums.
When I hear your vanished chanting
and my vanished chanting
I remember your memory
which is my own memory
which reborn like fire
which we kill like fire
which rises again
from the ashy flowers
to start again a conversation.

II

The grandiose spirit demanded us to unite our words
 in only one thought:
but carabineer Mariman what are your doing
killing your own brothers
with a silver bullet
carrying the ancient white plague.
How much do you get from the Capital Apparatus?

o bien del Aparato de E$tado
mientras no podemos sembrar
porque el agua no alcanza la raíz de la semilla
que apretamos con un pedazo de tierra
para que no le llegue el viento
y seque aquella raíz de mi pueblo
que vienes a cortar y a orinar.
Nuevamente el carabinero Mariman aparece,
al que le hemos invitado un mate
y una redonda sopaipilla,
para arrestar a sus hermanos
con los que ha jugado en el monte
a los pistoleros cuando niño:
él siempre quiso ser el Jovencito de la historia.

III

Huenante, sol en el cielo, dónde tu
Cuerpo
Qué te ha hecho la policía, eres ahora un
Desaparecido;
Estarás enterrado entre los huesos de tus
Antepasados
En la población Mirasol donde no se ve
el mar ni el bosque
donde hay solo cemento y cárcel.
—No salgas hijo hay un presentimiento en mi
Corazón, me ha cantado el chucao el otro día
en el campo y el perro lloró como a Catrileo–
Es que nuestra lucha es la calle, callejear
y escribir en la muralla para que otros
recuerden la memoria de los nuestros.
Es que también:
«nosotros nacimos de la noche, en ella vivimos, moriremos en ella»
por eso me visto de negro por la fuerza del Relámpago y la Lluvia
porque negro y duro es mi corazón endurecido como un toro, al igual
que mi pueblo obrero de donde también somos y hemos crecido como el
pasto.
También hay un arco iris en la conciencia:
donde está el azul pariente del negro nuestro Sueño y Pensamiento,
el rojo el corazón de Licarayén que sangró su Kollkopiw

or from the $tate Apparatus?
while we cannot sow
because the water won't reach the root of the seed
that we squeezed inside a piece of land
not letting the wind reaching either
not letting my country's roots dying dry
that you just cut them off and urinated on.
Once again the carabineer Mariman reappears,
and we invite him to a mate
with one rounded *sopaipilla*,
to get their brothers arrested
with whom they played in the field
becoming gunmen when they were children:
he always wanted to be the young boy of the story.

III

Huenante, sun of the sky, where your
Body
Which the police made for you, is
Missing.
You will be six feet under with the bones of you
Ancestors
At the population of Mirasol where you cannot see
nor the sea nor the woods
where there is only cement and jails
—Don't go out my son, I have a feeling…
My love, the *chucao* sang to me the other day
on the field, and the dog cried like Catrileo-
Our fight is on the streets, wandering the streets
and write on the walls for others
to remember the memory of our own.
Also,
"we were born at nighttime, is our life, and we would die for it"
that is why I dressed up in black with lightning power and the rain
because my heart is black and hard like a bull, the same as
my working people from where we are and come from like
the grass.
There is a rainbow in my consciousness:
where is the blue relative of the darkest Dream and Thought,
the red heart of Licarayén that bled its Kollkopiw

como yo sangro para que el Peripillán del
Añuñauca y el Kallfuko no vuelvan a pelear.
El verde nuestro bosque de canelo o foye
para que se vaya el desequilibrio del
cuerpo y el alma
corazón y pensamiento
también lo verde del campo donde viven los
seres que cuidan el agua,
las plantas que corren por nuestro aliento.
«Mundo querido, alíviame».

like I bleed for the Peripillán of
Añuñauca and Kallfuko who would not fight anymore.
Our green forest of cinnamon and *foye*
making the imbalances of
the body, heart
and spirit be gone
also, the green of the forest where
the guardians of the water lives,
the plants that run through our breath.
"My precious planet please heal me"

RÍO DE CISNES

I

El río de cisnes que baja su espuma
Al mar de la página blanca
Hurga la roja cresta y el cuello negro
En los signos de la lamilla.
Gaviotas vocean en el arrebol del otoño
Que ha deshojado los árboles.
El río de cisnes ha disminuido su caudal
Su plumaje se lo ha llevado la negra marea.

II

Los ensangrentados cisnes del río +++
Ya no pueden vender sus verduras
Pues las aguas con que riegan
Están forradas con metal.
Aterrizan aquellas aves en el patio
De un niño cisne poeta quien lo envuelve
Con su blanca mirada.

III.

Mi hijo Ave Veloz que amanece dibuja
Cuatro aves de negro cuello
Una es su hermana quien lo lleva arriba de su espalda
Otro soy yo mismo quien sigue y dirige el agua
El viento y las nubes del paisaje:
Un ave de estas somos ensimismados
por el sol en el dibujo.

A SWAN'S RIVER

I.
The Swan's river that lower the foam
To the sea of the white sheet
With the red crest and black neck
On the signs of the mud.
Seagulls bring the flush of the Fall
That keeps the trees unleaf.
The Swan's river had lowered its levels
The black tide disappears its plumage.

II.
The bloody swans of the river+++
cannot sale their vegetables anymore
cause the water that used
is poisoned with heavy metallics
landing birds on the patio
Of a poet swan kid who caught them
with his white look.

III.
My son, the fastest bird that rises painting
four birds with black necks
One of them is his sisters who's carrying him on her back
another one is me who follows and redirects the water
The wind and the clouds of the landscape:
One of these birds is us
by the sun on the drawing.

IV

El signo del cisne del que habla Martínez
Aparece y no como significante
Troquelado también es el hombre entonces
Que ve en la orilla del camino
Cuatro criaturas volando
Debajo del mismo lenguaje.

V

El lago formado por la sangre de Licarayén
Hundida el agua y la tierra
Expoliadas
A cuyas aves canta Lucila
En el idioma de los Licanantay y del mundo
Porque sólo quedan ellos
Otros
Han sido desplazados por ley y carabina
A la cordillera pelada para que olvidemos
Lo nuestro.

VI

Mallarmé tu proyecto poético absoluto
Pudo tal vez ser
Escribir sobre miles de cisnes en invierno
Con múltiples palabras en una sola página
O decir de memoria poemas
Que representen los signos de la imaginación
Como Rubén Darío o Alfonsina Storni
Cuyo sueño frente al mar se respira en silencio.

IV.

The sign of the swan that Martínez talks about
Appears and not as significant
Slashed as the man was then
That sees in the borders of the road
Four creatures flying
Under the same language.

V.

The lake that was created by Licarayén's blood
Flooded the seas and the world
Plundered
The birds to whom Lucila sings
In the language of the Licanantay and the world
Because they are the only ones left
Others
Have been displaced by the law and carbines
To the empty mountains to make us forget
What is ours.

VI.

Mallarmé your absolute poetic body
Could it be maybe
Writing about thousands of Swans in the winter
With multiples words in only one page
Or recite poems by memory
That represents the signs of the imagination
As did Rubén Darío or Alfonsina Storni
Which dreams facing the sea breath in silence.

VII

Oye Lucila Fantasma ya he subido

Al huemul al hombro

Y al otro lado a un Pingangu

Color albino

Mutro le decimos

Hijo de un ave encanto

Que ha salido al borde del lago

Amar a la gansería

Que no vuela en los humedales

Ahora cubierto de pesado metal.

VIII

Doy vueltas en el desierto de la isla como el cisne negro de cresta roja.

Alrededor vuelo buscando la laguna imaginada.

He visto en esto otros cisnes negros de cresta roja.

Ver también el mundo con sus cuatro direcciones.

A una la veo danzar y cantar como lo hacía su abuela

y las abuelas de sus abuelas

y pintar una tela blanca con muchos puntos de colores

que son los sueños paralelos de mis abuelos desaparecidos

quienes hablan por mi saliva.

Han robado a los hijos de los cisnes negros de cresta roja

Lo han hecho volar a las ciudades y cuidar su ganado

Aves hermanas quienes no han vuelto.

Que naden ahora los cisnes Koori con todas sus serpientes del arco iris

Que las han creado

Que busquen por debajo del agua el alga

Que las hará respirar eternamente contra el olvido.

El cisne negro de cresta roja se me aparece en otra isla

en una página

Pero su color es más luminoso que la rebeldía.

VII.

Hey, *Lucila Fantasma* I have carried

The huemul on my shoulders

At the other side to a Pingangu

Albino of color

That we called Mutro

Son of an enchanted bird

That has appeared at the borders of the lake

Loving the gooses

That won't fly over the wetlands

Now poisoned with heavy metallics.

VIII.

I fly in circles over the island's deserts as a black swan with red crest. Around I
flew looking for the imagined pawn.
I have seen in others black swans with red crest.
See the world also with their four directions.
I have seen one of them dancing and singing as grandma used to do
and the grandmas of the grandmas
and painting a white canvas with many dots of colors
that are the parallel dreams of my disappeared grandparents
who then speak through my saliva.
They have stolen the black swan with the red crest's children
They made them fly to the cities and take care of their cattle
The sisters of the bids have disappeared
Let the Koori swans swim with all the rainbow's snakes
Let them be
Let them look under the water full of seaweed
Let them breath eternally against the forgetfulness.
The black swan with red crest appears to me at another island
only one page
But its color is brighter than the rebellion.

IX

Lennon, veo dos cisnes completamente blancos en el
Támesis
Yo les canto mientras se levanta la
lluvia
y la policía recoge los
cuerpos
De los enajenados de este mundo quienes
ven aquellos signos que nadan por el paisaje de
esta lúgubre ciudad vigilada.

X

De dos andan en el mar los negros cuellos
Y los cuerpos nadan por entre los sargazos y la página negra
La lluvia ácida moja su plumaje y ellos se picotean
buscando parte del arco iris en el agua
suben a orillar el río y se bañan después de la lluvia
esta nuestra ave que un poeta ha dicho cortarle el cuello
y un músico la ha hecho danzar en el lago
yo mismo las llamo desde la playa de los petrificados alerces
y ellas nos siguen y emprenden vuelo
por el aire cubierto de humo y ceniza...

IX.

Lennon, I can see two swans entirely white at the
Thames
I sing to them while the rain
wakes up
And the police collect
corpses
That belongs to those who were displaced from earth
who see the signs that swim under the landscape of
a lugubrious and guarded city.

X.

In pairs the black collars walk on the beach
And the bodies swim amongst the seaweed and a black page
The acid rain wets their feathers and they peck themselves
looking for a piece of rainbow in the water
rise to the riverbank and bathe in the rain
a poet has asked to cut the neck of our own bird
and a musician made it dance in the lake
I called them from the beach of the petrified Fitzroyas
and then follow us and flew away
through the air full of ashes and smoke…

Translated by Amado J. Láscar & Carli Henman

Álvaro Inostroza Bidart

(Chile)

Generación del 80

la generación del 80
que después del
GOLPE
se quedó en Chile
o salió del país
que nos buscábamos
en las noches
de Santiago
de Concepción
de París
o de Estocolmo

que escuchábamos
a Sumo
a Silvio Rodríguez
a Los Jaivas
a Inti Illimani
a las radios Moscú
y Cooperativa

que publicamos
a escondidas
que sospechábamos
hasta de nosotros mismos

que perdimos
a nuestros mejores amigos
sobrevivientes del exilio
del estallido
de las bombas
y los fusilamientos

Generation of '80

the generation of '80
that after the
COUP
stayed in Chile
or left the country
us who looked for each other
in the evenings
of Santiago
of Concepción
of Paris
or Stockholm

us who used to listen
to Sumo
to Silvio Rodríguez
to Los Jaivas
to Inti Illimani
to Moscú and
Cooperativa radios

us who published
in secret
us who suspected
even of ourselves

us who lost
our best friends
surviving the exile
the outbreaks
the bombs
and the executions

que estudiamos
lo que pudimos
lo que nos dejaron
que transformamos
la sospecha
en un arma
no somos
la Generación NN
nos escondíamos
detrás de nuestras propias sombras
pero no rehuíamos
la pelea
si era necesario

y así pasaron
muchos años
demasiados
entramos
en Zona de Extinción

lo habían anunciado
Armando Rubio
Rodrigo Lira
lo confirmaron
Mauricio Barrientos
Aristóteles España
de los cuales
me siento más cerca
que de todos los poetas vivos
salvo
algunas honrosas excepciones

us who studied
what we could
what they let us
us who transformed
suspicion
into a weapon
we are not
the Generation NN
we would hide
behind our own shadows
but we didn't shy away from
the fight
if it was necessary

and so passed
many years
too many
we entered
the Extinction Zone

it had been foretold by
Armando Rubio
Rodrigo Lira
confirmed by
Mauricio Barrientos
Aristóteles España
to whom
I feel closer
than to all living poets
with a few
laudable exceptions

ahora
nos acercamos peligrosamente
a los sesenta años
y nos seguimos
escondiendo
pero tenemos nombres
hijos
libros
amores
nos publican en antologías

ahora
nos falta juntarnos
contarnos nuestras historias
emborracharnos
llorar
a nuestros muertos
y creer
que todavía
tenemos
algo de vida

now
we are dangerously approaching
our sixties
and we are still
hiding
but we have names
children
books
loves
we get published in anthologies

now
we need to come together
tell our stories
get drunk
mourn
our deceased
and believe
that we still
have
some life left

Translated by María Postigo

Luz Stella Mejía Mantilla

(Colombia / USA)

Tierra

> Del Latín *Terra*, del indoeuropeo
> *ter-s-a-*, tierra, parte no sumergida
> De *ter-s*: Secar.

Tierra es allí donde nacimos:
Pedazo desmenuzable de suelo matrio
Terruño donde un hogar nos cobijó primero
País feliz o triste de nuestra infancia
Territorio seco nadando entre mares
Hermoso planeta agua que nos soporta
y un día nos echará de sus dominios.
Como a un enjambre de Nautilus silúricos.
Como a un cardumen de peces acorazados.
Como a una horda de subvalorados dinosaurios.
Como una manada de dientes de sable.
Somos el sexto intento fallido de inteligencia.
La Tierra se sacude,
como quien desilusionado de sus retoños
menea la cabeza en un gesto triste.

Ter-s: Secar

Quizás su nombre
profetiza su destino:
Morir de sed,
cuando hayamos secado
sus arterias.

Tierra - Earth, Land

> From Latín *Terra*, from Proto-Indo-European:
> *ter-s-a*, land, not submerged part.
> From *ter-s*: To dry

Tierra is where we were born:
Crumbly piece of motherland soil
Native land where a home first sheltered us
Happy or sad country of our childhood
Dry territory swimming between seas
Beautiful water planet that supports us
and one day will throw us out of its dominions.
Like a swarm of Silurian Nautilus.
Like a school of armored fish.
Like a horde of underrated dinosaurs.
Like a pride of saber-toothed tigers.
We are the sixth failed attempt at intelligence.
The Earth quakes,
like someone, disappointed in her offspring,
shakes her head in a sad gesture.

Ter-s: To Dry

Perhaps its name
prophesies its destiny:
To die of thirst,
when we have drained
its arteries.

Translated by Jeffrey M. Clayton & Luz Stella Mejía

Desarrollo

Desenrrollar
Del latín *des*: hacer lo contrario de,
arrollar: envolver en forma de rollo,

1.
Debería ser
desenredar nudos,
arreglar lo que se atascó,
estirar la fibra de la vida,
pero el desarrollo es,
en realidad,
fracturar y
aplanar.

2.
Yo no quiero
desenrollar los pasos,
apartarme del centro,
perder el hilo
que me ata a la tierra.

Tumbar el bosque
para preservar semillas
en bancos estériles.

Secar los ríos
para cargar baterías
y escuchar en digital
el sonido del agua.

Patentar la vida
para sembrar muerte.

Desarrollar
es alejarse del corazón.

Development

From French *développer*: to unroll something
From Latin *des*: negation, reversal of action,
and French *voleper*: to wrap, to roll (something).

1.
It should be
to untangle knots
to fix what got stuck,
to stretch the fiber of life.
But development is,
in reality,
to fracture and
to flatten.

2.
I do not want
to unwind the steps
to move away from the center,
to lose the thread that ties me
to The Earth.

To knock down the forest
to preserve seeds
on sterile banks.

To drain the rivers
to recharge batteries
and listen digitally
the sound of the water.

To patent life
to sow death.

To develop is
to pull away from the heart.

Subdesarrollo

> Del latín *sub*: debajo de; *des*: hacer lo contrario de;
> *arrollar*: envolver en forma de rollo.

1.
Dibujantes antiguos
delinearon la tierra
con la fe de sus padres.
Arriba: el cielo de su dios
Abajo, al sur, muy hondo:
el infierno.

El mundo se ordena
en su mente,
en el mapa
y en los decretos reales:
Arriba los que tienen,
los que saben,
los que mandan.
Abajo los salvajes,
que no entienden
y no pueden.

Porque así se ha ordenado
su vida desde siempre,
hasta en la alcoba.

2.
En cualquier punto de la esfera terrestre
en la que somos
        —flotando en el espacio infinito—
Arriba siempre estarán las estrellas
Abajo vive la única piel de la tierra
Alrededor, hacia los tantos rumbos
de la rosa de los vientos,
el aire que respiramos
Todos.

Uderdevelopment

> From Old Norse *undir-*: under something;
> Latin *des*: negation, to do the contrary of;
> and French *voleper*: to wrap (something).

1.
Ancient illustrators
outlined the earth
with the faith of their parents.
Above: their god's heaven
Below, deep down in the south:
hell.

The world is arranged
in their mind,
on the map
and in royal decrees:
Above are those who have,
those who know,
those who rule.
Below, the savages,
who don't understand
and can't.

Because this is how their life
has always been arranged,
even in bed.

2.
At any point on the terrestrial sphere
where we are
    —floating in infinite space -
Above will always be the stars
Below, lives the only skin of the earth,
Around us, in all directions
of the compass rose,
is the air that we all
breathe.

3.
En el espacio vacío en que giran
el mundo, el sol y la galaxia,
en las fluctuaciones del universo,
¿qué es arriba?
¿qué es abajo?

Subdesarrollado

> Que no llega al nivel normal de desarrollo.
> Sinónimos:
> Incapaz, impotente, frustrado,
> atrofiado, tarado, inferior

1.
Y qué nombre le pondremos, materilerilero
Le pondremos subdesarrollado, *materilerilero*

Con qué derecho nos han nombrado
Con qué diestro y siniestro propósito
¿Has visto caballos bucear en la corriente?
¿Has soñado cóndores al galope?
¿Cuándo has visto jaguares en el prado
jugar entre macetas y rosales?
y águilas cansadas
arrastrando cargas por las calles.
Quien gana la carrera en una pista
no la gana en el agua ni en el aire.
Deja que traigan los caballos al río
que naden con bufeos y pirañas
y entonces me dirás quién
es el incapaz.

2.
Poetas Náhuatl
que no sabían de métricas
Filósofos andinos
que no leyeron a Platón
ni discutieron de Unos
ni Noúmenos.

3.
In the empty space where
the world, the sun and the galaxy revolve,
in the fluctuations of the universe,
What is above?
What is below?

Underdeveloped

> That does not reach the normal level of development.
> Synonyms:
> Incapable, atrophied, frustrated,
> impotent, fool, inferior

1.
And what name will we give them, materilerilero
We will name them underdeveloped *materilerilero*

By what right have we been named
For what right and sinistral purpose
Have you seen horses diving in the current?
Have you dreamed of galloping condors?
When have you seen jaguars in the meadow
play among pots and rose bushes?
and tired eagles
dragging loads through the streets.
Whoever wins the race on a track
doesn't win it in the water or the air.
Let them bring the horses to the river
to swim with dolphins and piranhas,
and then you will tell me
who is incapable.

2.
Nahuatl poets
who did not know about metrics
Andean philosophers
who did not read Plato
nor discussed Ones
or Noumena.

Crees que hablo
desde mi ignorancia.
En realidad hablo
desde mis raíces
y tú no me entiendes
desde tu ignorancia.

3.
El mundo va
No se sabe a dónde
Corren los países
No se sabe a dónde
ni por qué...
Pero unos siempre
van detrás.

4.
En la loca carrera hacia ninguna parte
quienes no corren son llamados perdedores
inferiores
incapaces
En el bello paseo de la vida
caminan lento
y son aventajados.
Saben más de sí mismos y su entorno.
Pueden caminar el bosque
y detenerse a admirar el dulce musgo.
Entienden que correr
es llegar más pronto al precipicio.

5.
De pronto las cabezas *desarrolladas*
giran
y su mirada se posa
en el inmenso mercado verde,
la prodigiosa fuente,
la despensa natural del Sur.

Tal vez entonces rueguen
por cordura.

You think I speak
from my ignorance.
I speak
from my roots
and you do not understand me
from your ignorance.

3.
The world goes
No one knows where
the countries run
No one knows where
nor why ...
But some of them
are always behind.

4.
In the crazy race to nowhere
those who do not run are called losers,
inferiors,
incapables.
In the beautiful stroll of life,
they walk slowly
and are ahead.
They know more about themselves and their environment.
They can walk the forest
and stop to admire the sweet moss.
They understand that to run
means to reach sooner the precipice.

5.
Suddenly, the *developed* heads
turn
and their gaze falls
on the immense green market,
the prodigious fountain,
the natural pantry of the South.

Perhaps then they pray
for good sense.

La sobriedad que no tuvieron
la demandan ahora.
La avaricia que agrietó su tierra
no puede seguir tornando el verde
en ocre estéril.

Tal vez ahora entiendan
que no hay oros
para los vencedores,
solo vida
para quien deja la carrera.

6.
En la oscuridad temprana
se mece al vaivén de su labor.
Echa las redes
una vez
dos veces
¿cuántas?
las suficientes.

¿Para qué más?

Vive su día
minuto a minuto
No acumula
No le falta
Le sobra tiempo
Le basta la vida

7.
El río las reúne en una obertura
de risas y secretos.
Enjuagan en su cuerpo
las luchas de ayer
y remojan los sueños de la tarde.

Caminan entre el bosque
y sus sembrados.

The sobriety that they did not have
they now demand it.
The greed that cracked their land
can't continue turning the green
into sterile ocher.

Perhaps now they understand
that there is no gold
for the winners,
only life
for those who leave the race.

6.
In the early darkness,
he sways to and fro in his labor.
He cast the nets
once
twice
How many?
enough.

Why more?

He lives his day
minute by minute
He doesn't accumulate
He does not lack
He has time to spare,
Life is plenty

7.
The river brings them together in an overture
of laughter and secrets.
They wash yesterday's struggles
in their bodies
and soak the dreams of the afternoon.

They walk between the forest
and their fields.

Saben de cada hierba
su nombre y su propósito
y pueden llevarla a su fin
de traer sustento,
de llevar sosiego.
Comparten sus saberes
y deberes
mientras cantan la vida
lentamente.

They know each herb's
name and purpose
and can lead it to its end
to bring sustenance,
to bear calm.
They share their knowledge
and duties
as they sing the life
leisurely.

Translated by María Postigo

La nueva historia

Se llaman a sí mismos vencedores
y escriben la historia
con plumas extranjeras,
y sangre de los otros.

Desde siempre
Magdalena muere entre las piedras
las Venus son sacrificadas
sabias curanderas arden en llamas
sabios hechiceros descabezados
de los Hunos a los Celtas,
del desierto de Gobi
a las arenas de Egipto
de los magos de oriente
a los falsos profetas
      —etiqueta para quien ama
          al dios equivocado—
Los caciques y chamanes desterrados
por lo que otros codician.
Los pueblos expoliados y esclavizados
para crear imperios.
La historia se ha contado con palabras feroces,
cuchillos que decapitan las verdades.

No les han dicho
que no hay vencedores
si la guerra aún no ha terminado.
Que las brujas y chamanes dejaron sus semillas,
que Magdalena brota en los sembrados
y ya no hay dioses viejos ni nuevos que vengar
La historia se escribirá
con manos enlazadas
y savia de los árboles
Con palabras antiguas y hermosas.

Aquellas salvadas de la hoguera,
las que hemos perdido en selvas y desiertos,
las que nos robaron en templos y palacios.
Aquellas que dejamos tiradas entre el polvo

The New History

They call themselves victors
and write history
with foreign feathers
and the blood of others.

Magdalene has always
died among the stones,
Venus is slaughtered,
wise healers burning
wise sorcerers decapitated
from the Huns to the Celts,
from the Gobi desert
to the sands of Egypt
from the magi of the east
to the false prophets
        — a label for those who love
                the wrong god —
the caciques and shamans banished
for what others covet.
The pueblos plundered and enslaved
to create empires.
History has been told with fierce words,
knives that decapitate truths.

They have not been told
that there are no victors
if the war is not yet over.
That witches and shamans left their seeds,
that Magdalena sprouts in the fields
and there are no old or new gods to avenge.
History will be written
with linked hands
and sap of the trees.
With ancient and beautiful words.

Those saved from the stake,
those we have lost in jungles and deserts,
those that were stolen from us in temples and palaces.
Words that we left lying in the dust

y las que arrancaron con carne y sangre.
Las que olvidamos y las que ignoramos,
las que aprendemos cada día.
Las propias
y aquellas que dejaron en la casa
los inquilinos que se fueron sin pagar.
Las palabras necesarias para abarcarnos
llenas de ternura,
que puedan contar lo que somos
desde nosotros mismos.

and those they tore off with flesh and blood.
The ones we forget and the ones we ignore,
and the ones we learn every day.
Our own words,
and those left by the tenants
who went back without paying.
The words we need to embrace us,
full of tenderness,
that can tell what we are
from ourselves.

Translated by Jeffrey M. Clayton & Luz Stella Mejía

Eduardo Moga

(España)

DE VEGADES SENTO GANES DE CRIDAR

Abandoneu les coves on copuleu
Arrenqueu els endolls de les parets
Arrenqueu les parets
Dimitiu dels jardins que són presons, de les mansions que us encarceren amb la seva pestilència
Oblideu-vos dels fedataris públics, dels censors jurats de comptes, dels inspectors d'Hisenda
Negueu-vos a escoltar les mentides indecents dels contramestres
Destruïu les fotocopiadores
Desobeïu els agents de l'autoritat que us ordenen deposar la pietat
Camineu dretament a l'infern
No assentiu
No consentiu
Ompliu-vos de soledat
Vesseu la intel·ligència com si tiréssiu una galleda d'aigua a un terra ple de sang
Contempleu Turner
Compadiu-vos de qui arrossega havers, com el bou arrossega capvespres
Allunyeu-vos dels formiguers i les certeses
Llegiu Juan de Yepes, Paz, Juan Ramón
Bategeu amb foc els qui, amb serenor d'esperit i sense cap reserva mental, treuen foc pels queixals
Abraceu els filats del silenci
Escolteu les variacions Goldberg, de Johann Sebastian, als dits de Glenn Gould
Remunteu, fins i tot sense rems, els rius de la compassió
Parleu com si no tinguéssiu brutícia a la boca
Cancel·leu l'usdefruit de la vostra consciència de què gaudeixen els catòlics practicants i els fabricants d'electrodomèstics
Pregunteu qui viu, qui mor
Pregunteu-vos qui
Contempleu Vermeer
No deixeu que us privin de la nuesa
Desembulleu-vos
Escopiu a les estàtues eqüestres i a les plaques commemoratives
Dinamiteu el que no es pugui llepar, el que no càpiga a la mà, el que mai no sagni
Afileu els llapis
Afileu la misericòrdia
No tingueu cap tracte amb els posseïdors de la veritat: us embrutaran amb ella

Recordeu que les paraules suen, que ejaculen
Banyeu-vos al mar com si us endinséssiu en un ventre
Estremiu-vos amb el dolor de les tortugues i les sequoies
Dormiu quan el món s'enrabiï
Llegiu Whitman, Aldana, Zambrano
Ateneu els que apunyalin el temps i plantin el desfici
No permeteu que el malvat s'esmunyi
Apagueu els miralls
Escorxeu els telèfons
Llegiu Perse
Esclavitzeu els qui neguen l'aigua als cecs i el pa als assedegats
Creieu en els desvalguts i en els morts
No vulgueu viure sempre: l'eternitat empatxa
Mutileu el que no es pugui trossejar
Dilapideu allò de què estigueu mancats
Esgarrapeu les superfícies fins que en surti un rostre, fins que brolli la foscor, fins que
    vosaltres mateixos ompliu la fissura que hàgiu obert
Documenteu la remor dels llavis que s'uneixen a altres llavis, el crepitar de les pells
    quan les il·luminen els llamps, el gemec dels ossos quan els cossos es
    desuneixen
Sortiu a la intempèrie dels pits i les humiliacions
Sortiu a la llum de la nit
Abjureu de tot el que hàgiu jurat
Doblegueu-vos a l'obscenitat, si només l'obscenitat garanteix la decència
Vesseu oli bullint a la conca buida dels ulls dels poderosos
Despulleu-vos
Mengeu vent
No capituleu ni quan moriu
Desestimeu la untuositat i la hipocresia
Enceneu els llums perquè brilli el sol
Malbarateu pluja
Escolteu l'*Ave Maria* de Caccini
Castreu els mercaders, i després ameu-los
Allibereu els gossos
No trepitgeu els jutjats, excepte per sembrar-los de sal
Feu l'amor amb qui us creueu pel carrer, amb els veïns, amb els venedors de
    tramussos, amb els taxistes i els estibadors, amb els orfes i els pardals,
    amb les persones sense sexe
Navegueu per les aigües que més alfacs continguin

Derroteu les relacions de producció, la taxa anual equivalent, la dictadura del
    proletariat
Masturbeu-vos sovint, amb tenacitat, amb benevolència
Crideu quan convingui, però no feriu mai ningú amb el crit
Burleu les ordenances duaneres, els manuals d'instruccions, els convenis col·lectius
Feu servir la bandera com a estovalles de pícnic, com a catifa de bany, com a paper
    d'estrassa
No considereu el suïcidi, menys en tot moment
Vetlleu els morts
No confieu en qui s'adorna amb crisantems i síl·labes
Talleu els peus als cruels
Traieu del pou els que s'ofeguen en el mar
Condescendiu a la contradicció, si conté veritat
Cultiveu la contradicció, perquè la contradicció us farà lliures
Perdoneu els pares per haver-vos portat al món
Confieu que els fills us perdonin per haver-los portat al món
No transigiu amb Déu; no admeteu Déu
No renuncieu a la clemència ni al vi
Feu del buit la vostra llar
Mireu el jo amb la compassió d'un filantrop i la curiositat d'un gat
Increpeu els qui mai no s'hagin tacat, els qui es cuirassen d'ordre, els alferes de la
    felicitat
No jutgeu l'alba: beveu-vos-la
Emmordasseu els coaches i, si cal, tanqueu-los al soterrani
Denuncieu la clausura dels asils i la inauguració de les hordes
Envelliu rient
Acaricieu el rostre de qui estimeu com si haguéssiu de morir demà
Estimeu els fills, perquè ells us enterraran
No us abstingueu de raonar, per bé que la raó produeixi monstres
Sumiu-vos en la consciència com si avancéssiu per un fangar
Sodomitzeu els predicadors
Llanceu els censos emfitèutics al foc, arranqueu la llengua a les notificacions
    d'embargament, devasteu les ciutats de l'opulència
Degolleu el soroll
Atureu-vos a considerar qui sou, per què batega el cor, com sobreposar-se
    a la ignomínia
Llegiu Juarroz, Epicur, Vallejo
Voteu a qui prometi que el sol sortirà demà i que després arribarà la nit
No voteu
Esborreu-vos la panxa dels dits perquè no quedi senyal dels vostres amors ni de les
    vostres claudicacions

Creieu en el cel de la matèria
No feu res sense alegria
Furgueu en els sexes com si els dits fossin arrels, com si la llengua fos un cuc
Perdoneu-vos
No doneu poder als imbècils, ni quarter als malvats
Envieu allò superflu a l'abisme
Desempareu els qui agreugen els desemparats
Escolteu l'adagi per a corda de Barber
Alimenteu qui no tingui boca
Camineu per la vora per caure al centre
Trepitgeu la vilesa i extingiu el seu caliu
Aviveu l'incendi de la benevolència
Escolteu les flors
Llegiu Proust, Neruda, Celan
Venereu l'impur
Dubteu
Rebel leu-vos

Traducido por Eduardo Moga

A VECES ME DAN GANAS DE GRITAR

Abandonad las cuevas en que copuláis
Arrancad los enchufes de las paredes
Arrancad las paredes
Dimitid de los jardines que son cárceles, de las mansiones que os aprisionan con su fetidez
Olvidaos de los fedatarios públicos, de los censores jurados de cuentas, de los inspectores de Hacienda
Negaos a escuchar los bulos indecentes de los contramaestres
Destruid las fotocopiadoras
Desobedeced a los agentes de la autoridad que os ordenen deponer la piedad
Caminad derechamente al infierno
No asintáis
No consintáis
Llenaos de soledad
Derramad la inteligencia como si echarais un balde de agua a un suelo ensangrentado
Contemplad a Turner
Compadeceos del que arrastra haberes, como el buey arrastra anocheceres
Demoled los edificios en que se guarecen los clérigos y los babuinos
Construid casas donde vivan los que nunca han vivido, los que nunca han tenido casas, los que no saben qué es una casa
Alejaos de los hormigueros y las certidumbres
Leed a Juan de Yepes, a Paz, a Juan Ramón
Bautizad con fuego a los que, con serenidad de ánimo y sin ninguna reserva mental, echan espumarajos por la boca
Abrazad las alambradas del silencio
Escuchad las variaciones Goldberg, de Johann Sebastian, en los dedos de Glenn Gould
Remontad, aun sin remos, los ríos de la compasión
Hablad como si no tuvierais mugre en la boca
Cancelad el usufructo de vuestra conciencia de que disfrutan los católicos practicantes y los fabricantes de electrodomésticos
Preguntad quién vive, quién muere
Preguntaos quién
Contemplad a Vermeer
Nos dejéis que os despojen de la desnudez
Desenmarañaos
Escupid en las estatuas ecuestres y las placas conmemorativas
Dinamitad lo que no se pueda lamer, lo que no quepa en el hueco de la mano, lo que nunca sangre

SOMETIMES I FEEL LIKE SHOUTING

Abandon the caves where you copulate
Pull the plugs from your walls
Pull down your walls
Resign from gardens that are jails, mansions that imprison you with their
    stench
Forget public notaries, sworn auditors, tax inspectors
Don't listen to your boatswain's unfounded rumors
Destroy your photocopiers
Disobey agents of authority who order you to topple piety
Walk straight into hell
Don't agree
Don't consent
Fill yourselves with loneliness
Dump out your intelligence like a pail of water on bloodstained ground
Contemplate Turner
Pity those who drag their possessions around, like an ox dragging nightfall
Demolish structures protecting clergy and baboons
Build houses where people who've never lived could live, for those who've never
    had houses, who don't know what a house is
Get away from anthills and certainties
Read Juan de Yepes, Paz, Juan Ramón
Baptize with fire those who, with calmness of mind and without any mental reserve,
    foam at the mouth
Embrace your silent barbed-wire fence
Listen to variations on Goldberg by Johann Sebastian, in the fingers of Glenn Gould
Overcome, even without oars, compassionate rivers
Talk as if you didn't have a filthy mouth
Cancel the usufruct of your conscience enjoyed by practicing Catholics and appliance
    manufacturers
Ask who lives, who dies
Ask yourselves who
Contemplate Vermeer
Don't let them strip us of our nakedness
Untangle yourselves
Spit on equestrian statues and commemorative plates
Dynamite what you can't lick, what doesn't fit in the hollow of your hand, what
    doesn't bleed

Afilad los lápices
Afilad la misericordia
No tengáis ningún trato con los poseedores de la verdad: os pringarán con ella
Recordad que las palabras sudan, que eyaculan
Bañaos en el mar como si os adentrarais en un vientre
Estremeceos ante el dolor de las tortugas y las secuoyas
Dormid cuando el mundo se encolerice
Leed a Whitman, a Aldana, a Zambrano
Atended a los que acuchillan el tiempo y siembran la desazón
No permitáis que el inicuo se escabulla
Apagad los espejos
Desollad los teléfonos
Leed a Perse
Esclavizad a los que niegan el agua a los ciegos y el pan a los sedientos
Creed en los desvalidos y en los muertos
No queráis vivir siempre: la eternidad empacha
Mutilad lo que no se pueda trocear
Dilapidad aquello de lo que carezcáis
Arañad las superficies hasta que emerja un rostro, hasta que brote la oscuridad, hasta que vosotros mismos ocupéis la fisura que hayáis abierto
Documentad el rumor de los labios que se unen a otros labios, el crepitar de las pieles cuando las iluminan los relámpagos, el quejido de los huesos cuando los cuerpos se desunen
Salid a la intemperie de los pechos y las humillaciones
Salid a la luz de la noche
Abjurad de cuanto hayáis jurado
Plegaos a la obscenidad, si solo la obscenidad garantiza la decencia
Derramad aceite hirviendo en las cuencas vacías de los ojos de los poderosos
Desnudaos
Comed viento
No capituléis ni cuando muráis
Desestimad la untuosidad y la hipocresía
Encended las luces para que brille el sol
Derrochad lluvia
Escuchad el Ave María de Caccini
Castrad a los mercaderes, y luego amadlos
Liberad a los perros
No piséis los juzgados, salvo para sembrarlos de sal
Haced el amor con los que os crucéis por la calle, con los vecinos, con los vendedores de altramuces, con los taxistas y los estibadores, con los huérfanos y los gorriones, con las personas sin sexo

Sharpen your pencils
Sharpen your mercy
Don't make any deals with possessors of truth: they'll suck you into it
Remember that words sweat, ejaculate
Bathe yourselves in the sea as if entering a womb
Tremble before the pain of tortoises and sequoias
Sleep when the world rages
Read Whitman, Aldana, Zambrano
Pay attention to those who stab the time and sow distress
Don't let the wicked slip away
Turn off your mirrors
Flay your phones
Read Perse
Enslave those who deny water to the blind and bread to the hungry
Believe in the destitute and the dead
Don't desire to live forever: eternity causes indigestion
Mutilate what you can't chop up
Squander what you lack
Scratch the surface until a face emerges, until darkness blooms, until you occupy the fissure you opened
Document the rumor of lips that come together with other lips, the crackle of your skin when illuminated by lightening, the groan of your bones when your bodies split
Go out to the bareness of chests and humiliations
Leave to the light of the night
Abjure what you've sworn
Yield to obscenity, if only obscenity guarantees decency
Pour boiling oil in the empty eye-sockets of the powerful
Get naked
Eat wind
Don't surrender, even when you die
Look down on sliminess and hypocrisy
Turn on your light so the sun can shine
Squander the rain
Listen to *Ave María* by Caccini
Castrate merchants, and later love them
Liberate dogs
Don't step on the courts, except to plant them with salt
Make love to the people you pass on the street, with your neighbors, with lupin sellers, with taxi drivers and longshoremen, with orphans and sparrows, with the sexless

Navegad por las aguas que más bajíos contengan
Derrotad a las relaciones de producción, a la tasa anual equivalente, a la dictadura del proletariado
Masturbaos a menudo, con tenacidad, con indulgencia
Gritad cuando convenga, pero nunca hiráis a nadie con el grito
Burlad las ordenanzas aduaneras, los manuales de instrucciones, los convenios colectivos
Utilizad la bandera de mantel de pícnic, de esterilla de baño, de papel de estraza
No consideréis el suicidio, salvo en todo momento
Velad a los muertos
No confiéis en los que se adornan con crisantemos y sílabas
Cortadles los pies a los crueles
Sacad del pozo a los que se ahogan en el mar
Condescended a la contradicción, si contiene verdad
Cultivad la contradicción, porque la contradicción os hará libres
Perdonad a los padres por haberos traído al mundo
Confiad en que los hijos os perdonen por haberlos traído al mundo
No transijáis con Dios; no admitáis a Dios
No renunciéis a la clemencia ni al vino
Haced del vacío vuestro hogar
Asomaos al yo con la conmiseración de un filántropo y la curiosidad de un gato
Increpad a quienes no se hayan manchado nunca, a quienes se acorazan de orden, a los alféreces de la felicidad
No juzguéis el amanecer: bebéoslo
Amordazad a los *coaches*, y, si es necesario, encerradlos en el sótano
Denunciad la clausura de los asilos y la inauguración de las jaurías
Envejeced riendo
Acariciad el rostro de quien améis como si hubierais de morir mañana
Quered a los hijos, porque ellos os enterrarán
No os abstengáis de razonar, aunque la razón produzca monstruos
Sumíos en la conciencia como si avanzarais por un cenagal
Sodomizad a los predicadores
Echad los censos enfitéuticos a la hoguera, arrancadles la lengua a las notificaciones de embargo, devastad las ciudades de la opulencia
Rebanad el ruido
Deteneos a considerar quiénes sois, por qué late el corazón, cómo sobreponerse a la ignominia
Leed a Juarroz, a Epicuro, a Vallejo
Votad a quien prometa que el sol saldrá mañana y que luego vendrá la noche
No votéis

Navigate through lowland waters
Defeat production relations, equivalent annual rates, the dictatorship of the
    proletariat
Masturbate often, tenaciously, indulgently
Shout when it's convenient, but don't harm anyone with your scream
Mock customs ordinances, instruction manuals, collective agreements
Use the flag as a picnic blanket, bathroom mat, brown paper
Don't consider suicide, other than always
Keep a vigil for the dead
Don't trust those who adorn themselves with chrysanthemums and syllables
Cut the feet off the cruel
Pull from the well those who drown at sea
Consent to contradiction if it has truth
Cultivate contradiction, because contradiction will make you free
Forgive your parents for bringing you into the world
Trust that your children will forgive you for bringing them into the world
Don't compromise with God; don't accept God
Don't give up to clemency or wine
Turn emptiness into your home
Look within your self with the sympathy of a philanthropist and a cat's curiosity
Rebuke those who've never been stained, who armor themselves in order, the
    standard-bearers of happiness
Don't judge the dawn: drink it down
Gag your coaches, and, if necessary, lock them in your basement
Condemn the closure of shelters and the inauguration of packs of hounds
Grow old laughing
Touch the face of the one you love as if you all were to die tomorrow
Love your children because they'll bury you
Don't abstain from reason, even though reason produces monsters
Plunge into consciousness like you were trekking through a marsh
Sodomize priests
Throw your long-lease fees in the fire, rip out the tongue of seizure notifications,
    devastate opulent cities
Cut through noise
Stop to consider who you are, why your heart beats, how to overcome disgrace
Read Juarroz, Epicuro, Vallejo
Vote for who promises that the sun will rise tomorrow and that later comes the
    night
Don't vote

Borraos las yemas de los dedos para que no queden huellas de vuestros amores ni de vuestras claudicaciones
Creed en el cielo de la materia
No hagáis nada sin alegría
Hurgad en los sexos como si los dedos fuesen raíces, como si la lengua fuera una lombriz
Perdonaos
No deis poder a los imbéciles, ni cuartel a los desalmados
Enviad lo superfluo al abismo
Desamparad a quienes agravian a los desamparados
Escuchad el adagio para cuerda de Barber
Alimentad a quien no tenga boca
Caminad por el borde para caer en el centro
Pisotead la vileza y extinguid sus rescoldos
Avivad el incendio de la benevolencia
Escuchad a las flores
Leed a Proust, a Neruda, a Celan
Venerad lo impuro
Dudad
Rebelaos

(De *Todo queda en nada*, inédito)

Erase your fingertips so there won't be traces of your loves or your defeats
Believe in material heaven
Don't do anything without joy
Dig through sex as if your fingers were roots, as if your tongue were a worm
Forgive yourselves
Give no power to the imbeciles, nor be merciful to the soulless
Send redundancy to the abyss
Abandon those who wrong the abandoned
Listen to *Adagio for Strings* by Barber
Feed those without mouths
Walk the edge to fall in the center
Trample the vile and extinguish their embers
Rekindle compassionate fire
Listen to flowers
Read Proust, Neruda, Celan
Worship the impure
Doubt
Rebel

(From *Todo queda en nada*, unpublished)

Translation by David Lawrence and Hannah Grace Morrison

María Ángeles Pérez López

(España)

Ser fuego, ser nadie

*

El fuego alguna vez fue un animal. Un músculo violento que saltaba abrazando cada hoja. Un lengüetazo extremo de calor en la altura voluble del bejuco. La imperiosa fricción de lo invisible con los órganos blandos de la luz, como boca que todo lo mordiese.

Para atraparla hay lanzas, alaridos y el estupor que nunca dimite de sí.

Hay sangre entre los huesos y las hachas.

Se movilizan piedras y animales, estirpes y cuchillos hacia la cacería de lo incierto.

Pero ¿quién es quien domestica a quién? ¿A quién le pertenece ese fluido? Espécimen borrado por la lluvia, por la memoria húmeda del mundo, es también su raíz y su inocencia. No es cierto que ya esté domesticado. Somos nosotros su piel y su carnaza.

El fuego alguna vez fue un animal. Hoy es tigre y es cueva, es tiempo y es techumbre, la escisión de lo denso y ligero en dos mitades que luego se besan y derrochan.

Le entregaremos lo que siempre fuimos: las largas ceremonias de los bosques en su ritual de nudos y de tallos, la cicatriz del viento, la ceniza, el pánico de las muchachas que caminan solas en la noche, la infancia con su escritura de humo.

Y entonces, nosotros ardiendo en esa pira, ¿seríamos también un alfabeto roto? ¿Caligrafía impropia y displicente?

Pero decir nosotros es pensar en ¿qué? en ¿quiénes? ¿Las viudas del ritual sati, en el norte de la India, que se ofrecen a las mismas llamas de las que brotó la unción animal con el esposo? ¿Los que arrojan en la noche de San Juan hasta la última rama del olvido? ¿Los que soplan las brasas de los basureros y golpean sus dientes contra lo tumefacto por si de ellos rezuma un grumo intestinal? ¿Los que queman banderas ante las embajadas y luego creen que un colibrí bebe en su pecho? ¿Los que se apellidan Ramos y saben que habrán de entregarse a cada hoguera? Entonces alguien te regala otro apellido. Si has quedado tan huérfano, podrían entregarte otro cualquiera: Escudero, Expósito o Vasallo. Tal vez Lerner, el que vino de muy lejos. El médico inglés James Parkinson también puede regalarte el suyo. Pedirás, con angustia, con los brazos atados a la enfermedad, que te devuelvan quien habías sido: una ramita verde de avellano que solo conocía lo flexible. Pero antes o después, todos los nombres bajan hasta el fuego. Bajan las lanzas, las manos perfumadas de resina, los códices que Diego de Landa quemó

Being Fire, Being Nobody

*

Fire was once an animal. A violent muscle that leapt hugging each leaf. An extreme lick of heat at the fickle height of the vine. The imperious friction of the unseen with the soft organs of the light, like a mouth that would bite everything.

To catch it there are spears, shrieks, and the stupor that never quits

There is blood between the bones and the axes.

Stones and animals, lineages, and knives have been mobilized to hunt for uncertainty.

But who tames who? Who owns that fluid? Specimen washed off by the rain, by the wet memory of the world, is also its root and its innocence. It's not true that it has already been tamed. We are its skin and its flesh.

Fire was once an animal. Today it is a tiger and a cave, it is time and a roof, the split between dense and light in two halves that kiss and squander afterwards.

We give it what we always were: the long ceremonies of the forests in their ritual of knots and stems, the scar of the wind, the ashes, the panic of girls walking alone at night, the childhood with its writing out of smoke.

And then, burning in that pyre, would we also be a broken alphabet? Improper and dismissive calligraphy?

But saying we is to think about what? About whom? The widows of the sati ritual, in Northern India, who sacrifice themselves to the same flames from where the animal unction of the spouse emerged? Those who throw every last oblivion branch to the bonfires of Saint John? Those who blow embers of trash cans and bang their teeth against the inflamed just in case an intestinal lump oozes from them? Those who burn their flags in front of embassies and then believe that a hummingbird drinks on their chest? Those whose last name is Ramos and know they will have to surrender to each stake? Then someone gives you another last name. If you have become so orphaned, they could give you any other: Escudero, Expósito or Vasallo. Maybe Lerner, the one who came from far away. English physician James Parkinson can also give you his. You will request, with anguish, with your arms tied to the disease, to get back who you were: a green hazelnut twig that only knew flexibility. But sooner or later, all names go down to the fire. Lances go down, resin-scented hands, the codices that Diego de Landa burned in Yucatán, the Library of Alexandria with

en Yucatán, la Biblioteca de Alejandría con su despiadado recuento de volúmenes perdidos y el año 33 en la Plaza de la Ópera en Berlín (quemar cuerpos y libros termina pareciéndose, alguna vez el fuego fue un cuerpo insólito, como el de un animal).

Sin embargo, contra todo pronóstico, contra la ignición del todo y de sus partes, alfabeto y fulgor también se funden en la abrasada extensión de los campos para que en los brotes vuelva a inventarse el nitrógeno, la estampida, la unión de lo vivo y lo muerto que se muerden, se succionan, se enlazan como si no hubiera entre ellos nada más que el amor. Su combustión.

*

¿Y si eres nadie?

Miras dentro de ti y solo hay un inmenso páramo en el que nada se oye. Ni siquiera la respiración agitada en el incendio de aquello que fuiste. ¿Adónde irás cargando tu vacío?

Nada pesa lo que no tienes, pero no hay ligereza posible para ti porque el vacío te arrastra hacia sus pies. Ha arrasado con toda la flora, los días sin viento, las reservas de agua y de pardales. Quedan muchos más pájaros atrapados contra las vallas: vencejos, cormoranes, petirrojos. Un viejísimo albatros sacude su cabeza como si se hubiera atragantado con un mal verso. Entre ellos se disputan las raspas del sol y todos los poemas sobre ruiseñores o palomas que han sido capaces de digerir. Disputan también con quienes han quedado crucificados contra esas vallas, atrapados en la larga migración del hambre, de la guerra.

Y mientras, tú sobre tu páramo infinito.

Te asomas con miedo al brocal de la boca y solo se ve un espejo negro que parece saludarte desde el fondo. También alguna mano de gente difusa tras tantas pantallas entreabiertas. Nada se oye sino la frugalidad de la desgana.

A lo lejos, tal vez el agua pida que abras la puerta de tu cuerpo. ¿O vas a conformarte con ser páramo? ¿Eriazo que no habilitan las hormigas? ¿Pedregal que golpea con su sed?

¿Y si nadie somos todos? Pájaro perro, pájaro persona, población y polluelo enardecido. ¿Qué harás en el tránsito de las taxonomías?

En ti están los cien mil caracteres hereditarios que te atan dulcemente a los demás, los tres mil millones de letras del genoma humano que has aprendido sin esfuerzo y silbas con felicidad al levantarte, veinticuatro de los noventa elementos químicos, todas las maletas que quedan extraviadas frente a las aduanas y las noches de Ítaca y Caronte.

its ruthless count of lost volumes, and the year 33 in Berlin's Opera Square (burning bodies and books end up resembling each other, fire was once an uncanny body, like that of an animal).

However, against all odds, against the ignition of the whole and its parts, alphabet and brightness also melt in the scorched expanse of the fields so that in the sprouts nitrogen gets reinvented, stampede, union between the living and the dead who bite each other, absorb each other, bond as if there was nothing else in between them but love. Their combustion.

*

What if you are nobody?

You look inside yourself and there is only an immense wasteland where nothing can be heard. Not even the heavy breathing in the fire of what you were once. Where will you go carrying your emptiness?

What you don't have weighs nothing, yet there is no possible lightness for you because emptiness drags you to its feet. It has razed all the flora, the windless days, the water and sparrow reserves. Many more birds remain trapped against the fences: swifts, cormorants, robins. A very old albatross shakes his head as if he had choked on a bad verse. Among them they dispute the sun's fish bones and all the poems about nightingales or pigeons they have been able to digest. They also dispute with those who have been crucified against those fences, trapped in the long migration of hunger, of war.

And meanwhile, you on your infinite wasteland.

You peep out in fear at the mouth parapet and you only see a black mirror that seems to greet you from the bottom. Also, some blurry hands behind so many half- open screens. Nothing is heard but the frugality of apathy.

In the distance, perhaps the water will ask you to open the door to your body. Or are you going to settle for being a wasteland? A deserted land not worked by ants? A scree that strikes with its thirst?

What if nobody is all of us? Dog bird, person bird, population and impassioned baby bird. What will you do in the transit of taxonomies?

In you are the hundred thousand hereditary characters that sweetly tie you to others; the three billion letters of the human genome that you learned effortlessly and whistle happily when you get up; twenty-four of the ninety chemical elements; all the lost suitcases in front of customs; and the nights of Ithaca and Charon.

En ti, partículas lejanísimas de estrellas y otros parientes, piedras, peces, patronímicos, banderas deslucidas y otros trapos del dolor. Incluso meteoros en el festejo permanente de la luz.

Todos ellos te bendicen y completan.

Bendicen cada una de las capas freáticas que alimentas con tu desesperación y tu amor radical a esta extrañeza que llamaron vivir, estar viviendo.

Porque tú no eres suficiente para ti.

Desconoces quién eres y no importa.

De pronto apremian la vida y los tendones. De pronto estallan granos rojísimos de luz sobre la superficie torpe de tu lengua. Algunos estorninos los disputan y te besan con su canción de alambre.

¿Cómo dejar entonces que el día colisione? ¿Que haya personas aparcadas como muebles mientras viajan las mesas y las sillas?

Alguna vez recibiste en herencia un baúl y un asiento de esparto pero hoy todo ha sido arrasado en el fuego, hasta el flequillo que desordenó los días y la expiación y nota a lápiz del convenio laboral, mientras hay personas aparcadas como muebles y están dentro de ti, son tu apellido. Con el agua que mana de sus letras humedeces tu frente y te levantas.

*

In you, very distant particles of stars and other relatives, stones, fish, patronymic, faded flags and other rags of pain. Even meteors in the permanent celebration of life.

They all bless you and complete you.

They bless each layer of the water table that you feed with your desperation and your radical love to this strangeness called living, being alive.

Because you are not enough for yourself.

You don't know who you are and it doesn't matter.

Suddenly life and tendons are pressing. Suddenly red spots of light explode on the surface of your clumsy tongue. Some starlings dispute over them and kiss you with their wire song.

How to then let the day collide? To have people parked like furniture while tables and chairs travel?

Once, you inherited a trunk and an esparto seat, but today everything has been destroyed by the fire. Even the bangs that messed up the days and the atonement and handwritten note of the collective agreement. Meanwhile, there are people parked like furniture and they are inside of you, they are your last name. With the water pouring from its letters you moisten your forehead and get up.

*

Translated by María Postigo

Keith Phetlhe

(Botswana)

Oodi

Como vigas de una cabaña de barro *rondavel*
te sientas entre colinas, silbando
contra el efecto del sol hirviente y abrasador
excepto cuando las gotas de lluvia se reúnen para transformar tus llanuras desiertas,
y luego se vuelven a desplegar para revelar su efecto curativo,
dejándote al ser desnudo y contento.
Te sientas cerca de ríos y acacias.

Tu pradera parece vello púbico
a menos que sea atacado por termitas o algunas veces
por tu ganado que mastica,
y cabras que balan cuando están estreñidas.

Tu rapidez no se rompe ni se agrieta excepto por el río
En algún lugar cerca de *lephaleng*, se acumulan gotas de lluvia
en los bolsillos profundos de tus rocas y barrancos
dejan la hierba verde cantando.
El agua de lluvia allí se queda quieta y acopiada,
en un saco de piel de cabra
como un brebaje oscuro de un curandero o un adivino.

Oodi brilla con rayos de esperanza
matices de esplendor,
con himnos y réquiems sonoros,
sondeos raros languidecen en tu vientre de mastodonte
Pero a veces con el hedor de una mofeta tu chorro
cuando el río Ngotwane está enfermo.

Cuando estás radiante y bailando,
aprovechas la atmósfera con tu sabiduría ancestral,
como si fueras viento que llegó al anochecer y al amanecer,
cuando aún estábamos mirando el cielo y las estrellas agrupadas:
tepabarwaledi y *mphatlalatsane*.
Interpretamos el significado oculto de cada uno de tus ingenios del cielo
y lo dejamos languideciendo en algún lugar en las profundidades de nuestros mitos

Oodi

Like rafters of a rondavel mud hut
you sit in between hills, hissing
against the effect of the simmering and scotching sun
except when raindrops gather to transform your deserted plains,
and then spread again to reveal your healing effect,
leaving your being naked and enthused.
You sit near rivers and acacia trees.

Your grassland looks like pubic hair
unless attacked by termites or sometimes
by your cattle that chew cud,
and goats that bleat, when constipated.

Your alacrity does not break or crack except by the river
Somewhere near *lephaleng*, rain drops collect
in the deep pockets of your rocks and gullies
they leave the green grass there singing.
Rainwater there sits still and collected,
in a goatskin sack
like a dark concoction of a medicine man, or a diviner.

Oodi you glimmer with beams of hope,
hues of splendor,
and sonorous anthems and requiems,
rare soundings languish in your mastodon belly
But at times with the stench of a skunk your squirt
when Ngotwane river is polluted.

When beaming and dancing,
you harness the atmosphere with your ancestral wisdom,
as if you were wind that arrived at the nightfall and dawn,
when we were still watching the clustered sky and stars:
tepabarwaledi and mphatlalatsane.
We interpret the hidden meaning of each one of your skylore witticisms
and then leave it languishing somewhere in the deep depths of our myths.

Antaño, cuando golpeaste como *tladi*
emboscaste a uno de tus aldeanos como cocodrilo depredador
oculto en algún lugar a lo largo de cascajos y vías de agua infestadas de barro.
Y luego, cuando se viene otro día
los angustiados son dejados para murmurar una canción funeraria,
mientras muchas manos de tus aldeanos dejan de mezclar barro con estiércol
acusar a cada bruja o mago por traer *tladi*
que reclamó uno de tus tótems.
Volvemos a lanzar huesos otra vez, humeando de venganza.
No nos detendremos hasta encontrar al culpable.

Cuando bostezas al amanecer
tu ganado brama y las cabras balan su estómago perturbado y estreñido,
mientras el ganado languidece rumiando su alimento.
Ellos braman y bailan como si anunciaran el orgullo de tu riqueza,
y la sabiduría en los cuentos de tus embaucadores.
Oodi, eres para mí un hogar hacia donde el viento nos llevará.

¿Quién eres tu Oodi?
¿Eres el pueblo de lluvia o polvo?
¿Quién eres tú?¿Brotando erecta y extendiéndose contra
la corriente del viento que casi nos llevó a nuestro destino?
Una ululación de cada una de tus callosas mujeres
cuando el chisporroteo de letsema arriba
es la razón del cuestionamiento de tus acertijos.
Cada ululación no está completa
a menos que esté acompañado de un acertijo o proverbio.
Se paran con sus ollas cocinando cerveza tradicional para una procesión ritualista.
Como si respondiera, la cerveza también eyacula espuma.
Causando a los hombres croar y temblar como sapos.
Aún así, cantan canciones de cuna para calmar a esos curiosos niños, decorados con sus insignias maternas
los ponen a dormir y prefieren no silenciarlos.
Porque ellos también tienen que hablar
Entonces se despiertan energizados como antílopes galopantes.
Tu *bojale* inicia la tos, un coro sonoro en el corazón de la *kgotla*,
donde se deja fermentar la cerveza tradicional
pero ahora secando en cada calabaza quebrada
el cántaro de cerveza también está vacío.

Yesteryear, when you struck like *tladi*
you ambushed one of your villagers like a predatory crocodile
concealed somewhere along debris and mud-infested water way.
And then when another day breaks
those anguished are left to mumble a funeral song,
while many hands of your villagers stop mixing mud with dung
to accuse each witch or wizard for bringing *tladi*
that claimed one of your totems.
We are back to throwing bones again, fuming with revenge.
We won't stop 'till we find the responsible culprit.

When you yawn at dawn,
your cattle bellow and goats bleat their troubled and constipated stomach away,
while the cattle languish chewing cud.
They bellow and bleat as if they are announcing the pride of your wealth,
and the wisdom in the tales of your tricksters.
Oodi, you are to me a home where the wind will carry us.

Who are you Oodi?
Are you the village of rain or dust?
Who are you? Sprouting erect and spreading against
the current of the wind that nearly carried us to our fate?
An ululation of each one of your calloused women
when the splutter of letsema arrives
is the reason for my questioning of your conundrums.
Each ululation is not complete
unless accompanied by a riddle or proverb.
They stand with their pots cooking traditional beer for a ritualistic procession.
As if answering, the beer too ejaculates foam.
Causing men to croak and quake like toads.
Still, they sing cradle songs to quieten those curious children,
decorated by their motherly regalia
they put them to sleep and not silencing them per se.
For they have to speak, too.
So they wake up energized like galloping antelopes.
Your *bojale* initiates cough a sonorous chorus at the heart of the *kgotla*,
where the traditional beer was left to ferment
but now drying in each cracking calabash
the beer pot is empty too.

Después de que la calabaza de la cerveza haya terminado de lamentarse,
y las calabazas de agua son silenciadas por la sequedad
del barítono masculino de sus gargantas.
Vemos por completo la atractiva imagen de las garzas bueyeras
mientras arrancan garrapatas verdes de las bestias con cuernos en este teatro de un
espectáculo majestuoso. La escena es como si se vieran las calabazas rompiéndose
No fue suficiente temor y asombro.

Como un guerrero que sostiene firmemente su lanza y escudo,
Oodi brillas desbocado como león que acaba con corderos aún amamantando.
Estás arrasando con *dikhwaere* y estás legado
al sistema *Bogosi* que se ha tragado la valentía de un leopardo feroz.
El feroz leopardo después de la caza se convierte en una insignia real
Oodi, tú eres una catapulta, no enviarás ninguna piedra errónea durante la caza.

Tu río, el río Ngotwane, se enrosca como serpiente después de tragarse a su presa.
Una vez seco pero ahora muy preñado,
y amenazando con dar trabajo justo en frente de nosotros.
El agua atraviesa los asentamientos humanos,
y luego vuelve al río donde se empapa de arcilla.
Este río también canta, pero no mejor que el *dikhwaere*. El humor de su melodía
está entre lo aburrido y lo enérgico, como si esperara que la hierba vuelva a crecer.

Su anochecer ha dado a luz una condición nerviosa.
Como murciélagos terroríficos batiendo sus alas unidas por criaturas nocturnas,
sus hijos gatean por las calles, hurgando en los bolsillos a punta de cuchillo, creando
esas fatídicas noches que se posan en la oscuridad. ¡Noche de mi sangre!
Pero todavía los amas con cariño, Oodi.
Como una madre que sostiene el filo de un cuchillo;
mmangwana o tshwara thipa ka fa bogaleng.
Como un gallo que no se rendirá al pico de un águila codiciosa.

Traducido por Amado J. Láscar

After the beer calabash has finished lamenting,
and the water gourds are silenced by the dryness
of the masculine baritone from their throats.
We watch altogether the luring image of cattle egrets
as they pluck green ticks from the horned beasts in this theater of a majestic spectacle.
The scene is as if seeing calabashes breaking
Wasn't enough awe and wonder.

Like a warrior who holds his spear and shield firmly,
Oodi you beam, at times rampaging like lion that finished lambs still suckling.
You are rampaging with *dikhwaere* and you are bequeathed
with the *Bogosi* system that has swallowed the bravery of a fierce leopard.
The fierce leopard after the hunt becomes a regalia
Oodi, you are a catapult, you will not send any stone amiss during the hunt.

Your river, Ngotwane river, coils like a python after swallowing its prey.
Once dry but now heavily pregnant,
and threatening to give labor right in front of us.
The water gashes to human settlements,
and then splashes back to the river where it gets soaked in clay.
This river too sings, but not better than *dikhwaere*. The mood of its tune sits
somewhere between dull and brisk, as if it awaits the grass to grow again.

Your nightfall has birthed a nervous condition.
Like scary bats whisking their wings joined by night creatures,
your children crawl in the streets, picking from pockets at knife point, creating those
fateful nights that roost in darkness. Night of my blood!
But you still love them with fondness Oodi.
Like a mother who holds the sharp edge of a knife;
mmangwana o tshwara thipa ka fa bogaleng.
Like a rooster who won't surrender to the beak of a greedy eagle.

Juana M. Ramos

(El Salvador)

Noche oblonga
(Conversando con Dolly)

I
Qué tiempos aquellos, Dolly,
cuando nos acosaban y luego
nos acusaban de indolentes,
de ser indiferentes pasado
el fuego de las primeras citas.
A mí ya no me aterra nada,
no me escandalizan unas piernas
largas en el segundo escalón del
        graderío.
Me mantuve incólume ante
el coqueteo de la asustadiza
soledad de algunas jovencitas.
      He de confesarte,
me rehusé siempre
a los juegos de poder,
al filo que llevamos
en los lapiceros.
Uno solo es mi pecado,
acompañado de su debido
        arrepentimiento.
Su cara conspicua invitaba
a esperar con ansiedad
el próximo paso en la escalera.
Fue ahí cuando incliné la cabeza
y encontré el maná del cielo,
la invitación a morder su carne.
      Y la comí.
Ella temblaba
mientras yo la excavaba,
ella me consumía
mientras yo la consumaba.
Después de masticarla y tragarla,
    se dio vuelta.
Quien despertó empachada fue ella;
incluso así como si nada

Oblong Night
(Talking with Dolly)

I
Those were the days, Dolly,
when they hounded us and then
accused us of being indolent,
of being indifferent once the fire
of the first dates was over.
I am not afraid of anything anymore,
I am not shocked by long legs
located in the second step of
      the bleachers.
I remained unabated when faced with
the flirtation of some young women's
jumpy loneliness.
      I must confess,
I always refused to play
the power games,
to the sharp points we have
in our pencil holders.
I carry only one sin,
together with its due
      regret.
Her conspicuous face was an invitation
to anxiously wait
for the next step in the stairs.
That was when I leaned my head
and found heaven's manna,
an invitation to bite her flesh.
      And I ate it.
She was shaking
while I dug into her,
she consumed me
while I consummated her.
After chewing and swallowing her,
      she turned around.
She was the one who woke up with indigestion;
as if nothing had happened,

o tal vez como si todo, no sé.
Se despidió como quien se quita
un sombrero después
      de una larga travesía.
Le dio tres vueltas a mi edad,
que le daba dos a la de ella.
Me quedó debiendo
más de lo que se imagina
y menos de lo que yo calculo.
Le di más de lo que merecía
y menos de lo que tenía para darle.
Así fue, Dolly.
Qué días aquellos en los que
nos acosaban para luego acusarnos
de malinterpretar gestos
      y tergiversar palabras.

II
Hoy, Dolly, a lo lejos,
después de tanta muerte,
ladra un perro escuálido
y Quijano susurra cualquier
cosa al oído de su escudero,
mientras ella baja
por el camino contrario
repitiéndose un verso
hasta que las palabras
se muerden la cola
      y pierden el hilo.
Rechifla un piropo un hombrecillo
en camiseta blanca apostado
en sus cuatro esquinas.
Se aproxima el tren,
no se detiene y me alcanza de nuevo
ese verso gastado y desteñido.
Ella, Dolly,
acusa al ojo de vidrio
de malas miradas
y saca los dientes
cuando una palabra
intenta acariciarla.

or maybe as if everything had happened, I don't know.
She said goodbye as someone who takes off
their hat after
    a long journey.
Then she tripled my age,
which once was twice hers.
She still owes me
more than she imagines,
and less than I think.
I gave her more than she deserved
and less than what I had to offer.
That's how it was, Dolly.
Those were the days, Dolly,
when they hounded us and then they accused us
of misinterpreting gestures
    and twisting words.

II

Today, Dolly, in the distance,
after so much death,
a scrawny dog barks
and Quijano whispers whatever thing
to his squire's ear,
while she goes down
the opposite path,
repeating a verse to herself
until the words
bite their tails
    and lose their train of thought.
A little man wearing a white shirt
persistently whistles a compliment
while stationed in his four corners.
The train is approaching
it doesn't stop, and this worn and faded verse
catches up with me again.
She, Dolly,
blames the glass eye
of looking down at her,
and shows her teeth
whenever a word
tries to caress her.

El Ayurveda,
al que le he encomendado
el cuerpo con el alma,
me dice angustiado
que al igual que a Alejandra
se le ha volado el tejado
y «las palabras no guarecen».
Entonces,
a ella le da por hablar,
      por dar de gritos.
Armada por la izquierda
con una estrategia
llama a mi puerta
segura de que la abriré.
sonríe contorsionada,
      se relame.
Por la derecha,
saca de la manga
una estratagema
y se lleva aquello
por lo que ha venido.
Corre,
ya no huye, persigue,
no queda más que
invitarla a un bocado
en esta noche oblonga,
no sin antes hacer
la señal de su cruz
en el nombre del padre
de los hijos
      que un día parirá.

III
Con el alma en claroscuro,
Dolly, vuelvo,
con un agridulce en las palabras.
Fue un día feliz
a pesar de una tristeza
allá en el fondo.

The Ayurveda,
to which I had entrusted
my body and soul,
tells me, afflicted,
that just like it happened to Alejandra,
the tile roof was blown off,
and "the words do not shelter."
So,
she feels like talking,
    like screaming.
Armed on the left
with a strategy,
she knocks on my door,
certain that I will answer.
she smiles, distorted,
    she gloats.
On the right,
she pulls a ploy
out of her sleeve,
and takes away
what she came for.
She runs,
she doesn't flee anymore, she chases,
there's no other option than
to offer her a bite
in this oblong night,
not before doing
the sign of her cross
in the name of the father,
of the sons
that one day she will give birth to.

III
With my soul in chiaroscuro,
Dolly, I'm coming back,
with a bittersweet taste in the words.
It was a happy day,
despite the sadness
deep inside.

Fue un día acerbo
de un no sé qué amargo.
      La vi,
entre la caravana de sonrisas
satisfechas y ansiosas.
La vi cumplir un ciclo.
La vi crecer.
La vi comerse el mundo,
brillar más que los demás.
Escuché su nombre, Dolly,
y se detuvo todo excepto ella.
Aplaudí con fuerza,
con quebranto,
con nostalgia,
con la arrogancia
de saberla superior,
con la satisfacción
de haberme dado por entero,
con la soberbia del verso
que pone el dedo en la llaga.
La escuché por última vez
en el último minuto
con un último intento,
como quien pide auxilio,
como quien auxilia al que pide.
La vi cruzar la escena
tan segura de su paso
que se rindió mi voluntad
y cualquier somera fuerza
      que aún me quedara.
La vi
y el nudo en mi garganta ahorcó
la palabra destinada a su oído.
Ella ungió con su mirada
mi manifiesta intranquilidad
que amenazaba con inundar
las proximidades, las mesas
curtidas de conversaciones
esporádicas y todo cuanto
ofrecían los recovecos aledaños.

It was an acrid day
with something bitter.
      I saw her,
among the caravan of smiles,
satisfied and anxious.
I saw her fulfill a cycle.
I saw her grow.
I saw her conquer the world,
dance more than everybody else.
I heard her name, Dolly,
and everything froze, except for her.
I applauded with enthusiasm,
with weakness,
with nostalgia,
with the arrogance
of knowing that she was superior,
with the satisfaction
of giving myself entirely,
with the pride of the verse
that pours salt on the wound.
I heard her for the last time,
in the last minute,
with a last attempt,
as someone who asks for help,
as someone who helps those who ask.
I saw her cross the scene,
so confident in her steps,
that my will and any bit of strength
that I still had
      gave up.
I saw her,
and the lump in my throat strangled
the word destined to her ears.
With her gaze, she anointed
my evident disquiet
that threatened to flood
the surroundings, the tables
weathered from sporadic
conversations and everything
that was offered by the neighboring nooks.

Recordé lo remoto de mi sitio
      frente a su boca.
Recordé su prudente despedida.
De lejos, Dolly,
con mucho orgullo
con la dicha del afortunado,
desde el lugar que me adjudicó
y que ahora me toca en su recorrido,
la vi extender sus alas y volar,
      volar muy alto.

IV
Si vuelvo ahora, Dolly,
si hoy escribo es tan solo
para saldar mi deuda,
buscar la luz en este túnel
y darle fin a mi prolongada
noche oblonga, sin esquinas
      donde agazaparme.
Es «justo y necesario»
darle alas al recuerdo
de una presencia tardía
en aquel sitio de paredes pálidas
      y apáticas.
La recuerdo ajena
deletreándome su nombre.
La recuerdo en el sabor dulce
de una vocal acentuada
que se clavó en el instante
      como una lanza.
La recuerdo lenguaje
de una estación somnolienta.
La recuerdo cadalso
diciendo mi carne temblorosa.
La recuerdo jaula y alpiste,
      rotas alas.
Había sobrevivido
a aquellos ojos pardos
en el ascensor de un edificio
casi centenario,

I remembered the remoteness of my site
       in front of her mouth.
I remembered her cautious farewell.
From the distance, Dolly,
with much pride,
with the joy of the lucky,
from the place she assigned to me
and that I have now in her path,
I saw her spread her wings and fly,
       fly so high.

IV
If I come back now, Dolly,
if today I write it's just
to pay my debt,
to find the light in this tunnel
and end my prolonged
oblong night, without corners
       for me to crouch in.
It is "right and just"
to give wings to the memory
of a late presence
in that site with pale
       and apathetic walls.
I remember her distant,
spelling out her name.
I remember her in the sweet flavor
of an accented vowel
that stuck in the moment
       like a spear.
I remember her as language
of a drowsy train station.
I remember her as scaffold
saying my tremulous flesh.
I remember her as cage and birdseed,
       broken wings.
I had survived
those brown eyes
in the elevator of a building
almost a hundred years old,

perdido entre los rascacielos,
a la falda corta del pupitre
en la primera fila,
a las múltiples insinuaciones
       de un café.
Pero apareció ella,
una tarde de principios de marzo
tras haber devorado las fronteras.
Insisto, con una presencia tardía
sin ningún tipo de estridencias
con una mirada tímida que
se tragaba el salón entero,
       con actitud inquisitiva.
Ella, ahí estaba ella,
la que un buen día
transgrediría toda regla.
Y yo ahora estoy aquí,
buscando las cornisas,
escondida en mis paréntesis,
vuelta reticencia,
esculcando en la sintaxis
de su palabra escueta
con la esperanza de hallar
una respuesta a su lejanía.
Sí, Dolly, lo sé,
aquí el terreno es árido,
baldío, desolado.
Ella es tierra fértil,
fresca, fecunda.
Jamás estas palabras
       lograrán atravesarla.
Yo,
en pleno uso de mis facultades,
confieso a bocajarro
el mar, el aire, el árbol
en esta noche oblonga,
sin esquinas donde agazaparme.

lost among the skyscrapers,
the short skirt of the desk
in the first row,
the multiple insinuations
      of a coffee.
But she showed up,
one afternoon at the beginning of March,
after having devoured the borders.
I insist, with a late presence,
without any shrillness,
with a timid look that
swallowed the entire room,
      with inquiring attitude.
She, there she was,
the one who would one day
violate every rule.
And here I am now,
looking for the cornices,
hiding between my parenthesis,
turned into reticence,
searching in the syntax
her succinct words,
hoping to find
an answer to her distance.
Yes, Dolly, I know,
the land is arid here,
empty, desolated.
She is fertile land,
fresh, fecund.
These words will never
      succeed in piercing her.
I,
being sound of mind,
I confess point-blank
the sea, the air, the tree
in this oblong night,
without corners for me to crouch in.

Translated by Carolina Bonansea

Roger Santiváñez
(Perú)

SANTA ROSA DE LIMA

1

En el recreo de huertas & jardines
Creció Rosa atravesada por la fecunda
Idea del deseo & cuando -ya adolescente-
Yo la vi / al verla se quedaron suspendidos
Mis ojos descansando en su candor

Narcisos del Rímac la pretendían
Hasta los frisos —con cuerpos graves
& toscanos— la seguían. & en los arcos
De las naves —las Iglesias— Rosa
Escondía su estofado / como un
Milagro del espíritu & del arte

Una cópula breve le rogaban
Entre el cándido pliegue de su hábito
Pero Rosa rizaba resplandores de su
Rubio cabello impidiendo la fanal
Hidropesía que —en reverentes vasos—
Los narcisos agua & vino le ofrendaban

El viento peinaba las calles de Amancaes
Mientras Rosa divagaba entre cuarteles &
Primores de Montaña en rock copiaba
Con sensible suntuosidad artesonada

2

En las arenas del Rímac las estirpes
Condenadas se buscaban plenas de
Opulencia & en pureza eclesiástica
Rosa dormía cuando yo la tocaba
Venciendo mil escrúpulos dorados

Su perfección de Virgen florecía
Recogida en diario sacrificio &
Clausura / Pero yo la corrompí
Adornando con cristales mis

SAINT ROSA OF LIMA

1

In the recess of gardens & flowerbeds
Rosa grew up accompanied by the fertile
idea of desire & when —already adolescent—
I saw her / upon seeing her my eyes remained
Suspended resting in her candor

The daffodils of the Rímac wooed her
Even the friezes —their bodies serious
& Tuscan— followed her. & in the arches
Of the naves —the churches— Rosa
would hide her gilding/ as a
miracle of spirit & of art

They pleaded her a copulation
Between the innocent folds of her habit
But Rosa would curl radiance of her
Blonde hair impeding the flared
Dropsy that —in reverent vessels—
The daffodils water and wine offered her

The wind combed through the streets of Amancaes
While Rosa would ramble among quarters &
Eminence of Mountains in rock copied
With sensitive crafted sumptuosity

2

In the sands of the Rímac the cursed
Lineages full of opulence searched
for each other & in ecclesiastic purity
Rosa slept while I touched her
Defeating a thousand golden scruples

Her Virgin-like perfection blossomed
Gathered in daily sacrifice &
Cloister / But I corrupted her
Adorned with crystals my

Sondeos / En el aire brota el
Líquido caliente & a Rosa le
Agrada —parece congelada—
Sosteniendo el examen aprendido

El fruto sazonado vacila entre sus manos
Hermosa la sonrisa de Rosa / renueva
La tierra como suave pétalo que a su
Nombre estila & lo que chupa suelta aromas
De jazmín & al delicado paladar encanta

Con ella nacían muchas rosas
Alfombrando los cerros aledaños
En el césped —Virgen abrasada—
Placía disfrutar del firmamento
Confundida entre el día & la noche
Desplumaba palomas en los tiempos
De guerra / Hasta que el vuelo de un
Pájaro la prende & entonces alcanza
El risco más peinado

Vivares / grutas / nidos circunda
Tu camino divino Rosa por las
Ribas del Rímac / Tú vas disfrutando
Fértiles erarios mientras desasida
Mi alma te sigue entre las frondas
Azules de la masturba nocturna desolada

El rumbo de tus senos obsede
Las vetas que el fuego esconde
Con el limpio devaneo del viento
Tú eres la presa cristalina
Que en polvos magistrales
Me regalas la estrecha unión
Que chupe pedazos de luz marina

3

Obscenos ejercicios practicamos
Antiguos ritos de santa adoración
Te devotaba como si el sol & la luna

explorations / In the air emerges the
hot liquid & it pleased
Rosa —it seems frozen—
Sustaining the learned exam

The seasoned fruit is juggled between her hands
Beautiful the smile of Rosa / it renews
The earth as a soft petal that at her
Name stills & which sucks fallen aromas
Of jasmine & the delicate palate is charmed

Many roses were born with her
Blanketing the surrounding mountains
In the grass —embraced Virgin—
She took pleasure in enjoying the sky
Confused between the day and night
She would pluck pigeons in times
of war/ Until the flight of a
Bird seized her & then she would reach
The most elegant cliff

Warrens / grottos / nests encircle
Your divine path Rosa along the
Banks of the Rimac / you go enjoying
The fertile tributaries while detached
My soul follows you between the foliage
Blues of desolate nocturnal masturb

The trajectory of your breasts obsesses
The veins that the fire hides
With the wind's clean flirting
You are the crystalline prey
That in masterful lays
You give me the deep union
That absorbs bits of marine light

3

Obscene exercises we practice
I devoted to you Ancient rites
Of sacred adoration as if the sun

Fueran nuestros / hacíamos cumbres
Del orgasmo en culto fiel
A la católica milicia

Inculta, bárbara como la india
Más lindísima se abrió en ti
La fe con tal destreza
Que se rompieron los cerros
A la macolla de tus cantos pinos

Las gracias del cielo se volvieron
A Lima restituida contigo Rosa
Derroche de olores finos alhelíes
Abril te tocó en su azahar
Nácar nacarado de tu cuna
Fue tu bien el más preciado
Que ninguna ciudad pudo ofrecerte
Así / Rosa tan rica desde niña
Rosada Kola Inglesa

4

Tus primeros pasos en el Rímac
Fueron frases / privilegios
Donde recibiste el fresco baño
& a tus tres meses tu nombre
De Rosa brilló en tu rostro
Con tan tremenda hermosura

Que advertida tu ama llama
A la Virgen de Guadalupe &
Así quedó claro el retorno
A las fuentes del misterio
Que no descifro / sino yo venero
Con terneza & ansia en el enlace

& en su botón serrano escondía
La azucena impoluta cuya
Virtud me fue entregada

& moon were ours / We reached
Orgasmic heights in cult-like
Loyalty to the Catholic militia

Uncultured, barbarous like the most
Prettiest Indian The Faith opened
Itself in you with such skill
That it broke the hills
At the confluence of your singing pines

The grace of Heaven returned
To Lima restored with you
Outpouring scents of fine wallflowers
April touched you with its orange blossoms
Pearly pearl of your crib
It was your benefit the most prized
That no other city could offer you
Thus / Rosa delicious since childhood
Rosy Kola Inglesa

4

Your fist steps in the Rímac
Were phrases / Privileges
Where you received the fresh bath
& at three months your name
Rosa shone on your countenance
With such tremendous beauty

How prudent your mistress calls
To the Virgen of Guadalupe &
Thus the return remained clear
To the source of mystery
Which I do not decipher/ but rather venerate
With tenderness & longing in the connection

& in her shapely button she hid
The spotless lily whose
Virtue was given unto me

La fragancia de una tarde
De verano en el sofá
Que todo lo apetece

Sólo Rosa tuvo en su niñez
Aquella lux interior dibujada
En su camisón para dormir
Brilla en las formas de su cuerpo
Relojeando los rayos del sol de Lima

Vi en su corazón descansando
Al Niño Dios / Alianza de
Inocencia / apartada le
Placía acariciar la fina
Hebra de su cabello revolado
Esperando solo mi deseo
Tropezando en todos sus sentidos

5

Naciste Rosa en tal dulzura
Creciste en la frescura del Rímac
Riendo entre ribazos
Atentos al gorjeo de las aves
Afincadas en fluctuante orilla
Donde bañabas tu apostura

Rosa pura ideal altísimo
Que en el cielo definió
Divinos lejos / solo tú te
Advienes a inspirar la poesía
Por ti vertida entre mi canto
La perfección que el aire encierra

Estampas, cruces & rosarios
Gustaba Rosa coleccionar en
Aquel tiempo de su pubertad
Que en su pecho florecía /
Como la prístina flor de
Sublimación enardecida

The fragrance of a summer
Afternoon on the sofa
Which everyone desires

In her youth, only Rosa had
That internal lux drawn
In her nightgown for sleeping
It shines in the forms of her body
Keeping check on the rays of the Lima sun

I saw in her heart
The Child God resting / Ally of
Innocence / separated it
Pleased her to caress the fine
Strands of her exposed hair
Awaiting only my desire
Stumbling in all her senses

5

You were born Rosa in such sweetness
You grew up in the freshness of the Rímac
Laughing between the slopes
Alert to the chirping of birds
Settled in the fluctuating shore
Where you would bathe your elegance

Rosa highest pure ideal
That in heaven defined
Far off divines / only you
Happen to inspire the poetry
For you poured amid my song
The perfection that the air encloses

Prayer cards, crosses & rosaries
Rosa liked to collect in
That time of her puberty
That in her breast blossomed /
Like the pristine flower of
Sublimation inflamed

Dios enamorado la contempla
Desde el cielo & en ella travesea
Entre jazmines puros te
Alcanzó el brocal & en rosicler
Criatura se aproxima

6

Un día Rosa vistió al viento
De holandas tímidas
Como el capullo que sin
Vanidad se ciñe &
En la fragancia de su cuerpo
La noche oscura quiso
Perder al caminante

Mas en su estrecho retiro
Rizó las olas de su cabello
Con clavos dolorosos /
Virginidad pura de ti Rosa
Reluciente / casta / Fuente sellada

La virtud de Rosa abrigaba
Su pecho, así fue como en
Su espejo reflejado, no hubo
Olvido sino seguro ofertorio
Al castigarse / porque en
El mar de Lima hay zozobra
Que llegará hasta la Plaza Mayor

El neobarroso que en sus aguas
Se confunde con el Rimac
En esa calma chicha / dictados
De Dios en tu solícito dulzor
La cornucopia derramada que
Vendrá

*De un libro inédito en proceso de
composición / agosto de 2019*

God enamored contemplates her
From heaven & plays with her
Among pure jasmines
It reached your brocade & in gentle pink
Creature approaches

6

One day Rosa dressed the wind
In timid linens
Like the bud that without
Vanity clings on &
In the fragrance of her body
The dark night wanted
To lose the traveler

But in her small refuge
She curled the waves of her hair
With painful nails/
Rosa your pure virginity
Shining / chaste / sealed source

Rosa's virtue sheltered
Her chest, that's how in
Her reflected mirror, there was
No oblivion but rather certain offertory
While punishing herself / because in
The sea of Lima there is turbulence
That will reach even to the Plaza Mayor
The neobarroso that in its waters
Is confused with the Rimac
In that dead calm / dictations
Of God in your attentive sweetness
The outpouring cornucopia that
will come

From an unpublished book in the process
of being written / August 2019

Translated by Isaiah O'Bryon

Sandra Santos

(Portugal)

Filho

filho, por várias vezes, tentei registar versos
como ensinamentos
sabes, a vida acelera e agita o pensamento
quem é poeta sente o mundo nos nervos
quisera contar-te que
todas as noites penso em ti
ao depositar o rosto fora da janela
não posso evitar a lua
[estarás nalguma estrela à espreita?]
oro pelas árvores pelas ervas pelos bichos
a uma luz silente, oro
pela visibilidade do invisível

filho, a tua mãe descobriu o amor
a liberdade a infinitude

filho, tu és maior que as palavras
de todos os poemas
porque me construo te construo
nos construo / poeira
nesta noite neste quarto
nesta janela neste luar

filho, qual é o teu maior segredo?
habitas-me porque és
a minha morada mais livre
se me repito?
sou foragida
em todos os lugares a voz se replica
por isso, todas as células
são notas musicais que sabemos de cor
talvez por épocas
talvez por décadas
talvez por horas
tal vez...

quantas de mim são novas ondas
desta realidade a que chamo «sandra»?
lanço a pergunta ao papel
ele carcome o que é velho

filho, há visões como carne
maior que a pele é a imaginação

a minha cabeça contém domingos
possíveis epifanias
contém luminosidade e cadência
sem pressa
apressa-te

filho, há poemas no limbo
do esquecimento
versos vagando nos metadados
do universo
/quantos de nós vagamos/
mais recto é o mar
na sua lonjura e voragem
- quantos de nós doamos
futuros à noite?

filho, no teu sorriso cabe
esse teu jeito grande
—o magma do que ainda há-de vir
a cada instante apareces
nos sussurros dos elementais
mas principalmente
no meu silêncio
as ideias confundem-se com pensamentos
mais poeira transporta o vento
revolvendo tudo
pois somos homens-magos
mutantes
sinestesias de intentos

filho, verás os mapas
os traçados do éter
a geografia será a tua disciplina
de liberdade

filho, os artistas abrem
os seus cadernos
à branquidão da hora
às coisas indizíveis

caso a palavra fosse escassa
a linha o risco o grafismo
supriria a estreia
a nomeação

do outro lado do mundo
ainda é cedo
(e isto diz muito de nós)
para que a água dê um tom sépia
a todas as vozes
eu espero por ti
nesta linha cessatória
onde o azul se perde
como coisa real por dentro

filho, o mundo é macio
como o pelo dos gatos e dos coelhos
saberão que somos todos um só
líquido amniótico fora do ventre
dias cujos sóis nos amamentam

que pisar o capim
é crescer em altura
mais tranças mais fartura
que provar a fruta
é consumar a alegria
mais raízes mais risos
mais faces rosadas

filho, que pensas?
os números são somatórios
ou extrações do tempo?
a invenção foi sempre o que nos agarrou mais
ao ecrã, não?

ora somos massa ora somos fome
mãos envolvidas em mortes
de cuja certidão nos toca em parte
em nós reverbera um som
difícil de replicar

pudera a noite permanecer
neste verso
em silêncio e névoa

filho, o azul e o verde
são fusões às quais obedece o mundo
a quem de direito eu pediria
«quero saber desenhar»
nunca é tarde
o chamamento é imperativo
       abre parágrafo

filho, a tua mãe é uma sonhadora
dividida entre mundos
larga-assenta
a tua mãe quer chão
à vida só faz falta o vento e o voo
nunca te esqueças:
só a ti importa a tua essência
à tua passagem os campos
fazem-se mais férteis
e o rio mais rubro
neste um de setembro
de dois mil e dezanove
com a lua em libra
em que menstruo

filho, o sono contém mistérios
que o corpo assimila
e tu nasces
e nasce o sol de novo
sendo a lua a fase-instante
como grito e respiração
///////////////
 a tua mãe vibra interdita
a tua mãe almeja mais
histórias-como-a-nossa

Hijo

hijo, varias veces intenté registrar versos
como enseñanzas
ya sabes, la vida acelera y agita el pensamiento
quien es poeta siente el mundo en los nervios
quería decirte que
todas las noches pienso en ti
al depositar la cara fuera de la ventana
no puedo evitar la luna
[¿vas a estar al acecho en alguna estrella?]
rezo por los árboles por las hierbas por los animales
a una luz silenciosa, rezo
por la visibilidad de lo invisible

hijo, tu madre descubrió el amor
la libertad, el infinito

hijo, eres más grande que las palabras
de todos los poemas
porque me construyo te construyo
nos construimos / polvo
esta noche en esta sala
en esta ventana a la luz de la luna

hijo, ¿cuál es tu mayor secreto?
me habitas porque eres
mi dirección más libre
¿si me repito?
soy una fugitiva
en todas partes la voz se replica
entonces todas nuestras células
son notas musicales que sabemos de memoria
tal vez por tiempos
tal vez por décadas
tal vez por horas
tal vez ...

Son

son, so many times, I tried to set verses down
as nude gospels
ah, you know, life hastens and incite reasoning
the poet is the one who feels it in tantrums
how I wish to tell you
every night I think of you
when I turn my head from the window
I can't avoid the moonshine
[would you be peeping among the stars?]
I pray for the trees for the herbs for the animals
by the silent light, I pray
for the visibility of the invisible

son, this mother of yours found love
freedom, infinity

son, you are bigger than words
of all poems to be found
because I build myself, I build you
we build us / dust
in this room inside this night
at this window under the moon

son, what's your deepest secret?
you live inside me
my lively home
am I repeating myself?
I'm a fugitive
all around the voice resounds
because of it, all our cells
are music notes that we know by heart
maybe for seasons
maybe for decades
maybe for hours
maybe...

¿cuántas de mí son nuevas olas
de esta realidad que llamo «sandra»?
lanzo la pregunta al papel
él carcome lo que es viejo

hijo, hay visiones como la carne
más grande que la piel es la imaginación

mi cabeza contiene domingos
posibles epifanías
contiene luminosidad y cadencia
sin apuro
date prisa

hijo, hay poemas en el limbo
del olvido
versos errantes en los metadatos
del universo
/ cuántos de nosotros vagamos /
más recto es el mar
en su distancia y vorágine
—¿cuántos de nosotros donamos
futuros a la noche?

hijo, tu sonrisa une,
esta es tu gran cualidad
—el magma de lo que está por venir
cada momento que apareces
en los susurros de los elementales
pero principalmente
en mi silencio
donde las ideas se confunden con los pensamientos
más polvo lleva el viento
girando todo
porque somos hombres-magos
mutantes
sinestesias de intenciones

hijo, verás los mapas
las huellas de éter
la geografía será tu disciplina
de libertad

how much of me is new waves
of this reality that I call "sandra"?
I throw the question to paper
it wastes away what is old

son, there are visions like flesh
bigger than the skin is the imagination

my head contains sundays
possible epiphanies
it contains light, rhythm
without hurry,
hurry up

son, there are poems on the edge
of oblivion
wondering verses in the meaning
of the universe
/so many of us, rambling on/
righteous is the sea
so far away in its vortex
– how many of us are giving
a future to the night?

son, your smile unites
this is your great quality
—the magma of what is still to come
every moment you turn up
in the whispers of the elementals
but mainly
inside my silence
where ideas mingle with thoughts
more dust carries the wind
twirling all things around
because we are magicians
mutants
synesthesias of intent

son, you will see maps
the traces of ether
geography will be your discipline
of liberty

hijo, los artistas abren
sus cuadernos
a la blancura de la hora
a cosas indescriptibles
en caso que la palabra fuera escasa
la línea el riesgo los gráficos
proporcionaría el debut
la cita

del otro lado del mundo
es demasiado pronto
(y esto dice mucho sobre nosotros)
para que el agua le dé un tono sepia
a todas las voces
yo espero por ti
en esta línea cerrada
donde el azul se pierde
como algo real por dentro

hijo, el mundo es blando
como el pelaje de gatos y conejos
ellos sabrán que todos somos
uno líquido amniótico fuera del vientre
días cuyos soles nos amamantan

pisar la hierba
es crecer alto
más trenzas más abundancia
probar la fruta
es consumar la alegría
más raíces más risas
más caras rosadas

¿hijo, que piensas?
los números son sumatorios
o extracciones del tiempo?
la invención siempre fue lo que más nos atrapó
a la pantalla, ¿no?
ahora somos masivos ahora somos hambre
manos involucradas en muertes
cuyo certificado nos toca en parte
un sonido reverbera en nosotros

son, artists open
their journals
to the whiteness of the hour
to unspeakable things
on the chance that words were scarce
the line the risk the graphism
would supply the début
the date

on the other side of the world
it is still early
(and this says a lot about us)
so that water gives a sepia taste
to all voices
I will wait for you
on this closed line
where the blue dissolves
as something real inside

son, the world is soft
as the cats' and rabbits' fur
they will know we are one
amniotic fluid out of the womb
days whose suns nurse us all

treading on the grass
means growing high
more braids more abundance
tasting fruit
is to consummate joy
more roots more laughter
more rose-tinted faces

son, what are you thinking of?
numbers are summations
or extractions of time?
invention was always what grabbed
to the screen, right?
now we are mass now we are hunger
hands immersed in deaths
whose certificate touches us in part
a sound reverberates in us

difícil de replicar
podría permanecer la noche
 en este verso
en silencio y niebla

hijo, azul y verde
son fusiones que obedece el mundo
a quien le preguntaría
«quiero saber dibujar»
nunca es tarde
la llamada es imprescindible
        párrafo abierto

hijo, tu madre es una soñadora
dividida entre mundos
asiento ancho
tu madre quiere tierra
la vida solo necesita el viento y el vuelo
nunca olvides:
solo a ti te importa tu esencia
los campos pasan por ti
se vuelven más fértiles
y el río rojo
este uno de septiembre
dos mil diecinueve
con la luna en libra
cuando menstrúo

hijo, el sueño contiene misterios
que el cuerpo asimila
y tú naces
y el sol sale de nuevo
la luna es la fase instantánea
como gritar y respirar
/////////////////
tu madre vibra prohibida
tu madre anhela más
historias como las nuestras

Traducido por Amado J. Láscar

difficult to replicate
could the night remain
in this verse
in silence and fog

son, blue and green
are fusions that the world obeys
to whom should I ask
"I want to know how to design"
it's never too late
the calling is imperative
      open paragraph

son, your mom is a dreamer
divided amongst worlds
wide seat
your mum wants soil
life only needs the wind and the flight
never forget:
only your essence matters to you
fields pass you by
they become more fertile
and the red river
this first of September
two thousand nineteen
with the moon in Libra
when I menstruate

son, dreams contain mysteries
absorbed by the body
and then you are born
and the sun is born again
the moon is an instant phase
as a cry and a breath
////////////////////
your mum vibrates prohibited
your mum yearns for more
histories like our history

Translated by Carrie Summerford

Yrene Santos

(República Dominicana)

CARTA PARA UNOS OÍDOS QUE DESCONOZCO O QUE QUIZÁS CONOZCO MUCHO

Quiero escribirte desde el frío que arropa mi sala, desde el sonido suave que escapa del aire acondicionado, desde la estación que habita mi ser

Quiero escribirte, aunque nunca leas mis mensajes breves o mis cartas largas, llenas de colores tenues, o coloridos cuando el sol es una bola brillante y ardiente, que se mete por la ventana cerca de donde escribo mis emociones

Quiero escribirte en medio de la interpretación del evangelio, que usualmente los sábados a las cinco de la tarde llego para escuchar en el templo más cercano de mi cueva y que en la boca, el corazón y el cerebro de Carlos, Fitz o Baltazar se vuelven lágrimas de alegría y lecciones de esperanzas

Quiero escribirte a pesar de tu silencio, de tu omisión, a pesar del vacío que edificas sin saberlo en mis adentros, a pesar del espacio del messenger que ocupas

Quiero escribirte y lo necesito, porque en ti, los genocidios que ocuparon la historia de tu patria, continúan sodomizando a la humanidad, a las familias separadas a la fuerza, a los amores quebrantados, a los sueños rotos

Quiero escribirte para contarte que mi sangre bulle tormentosamente y que va apagando la energía que nos regala el astro que se muda adrede en los caminos

Si no respondes, solo déjame saber con la pequeña flecha azul que tus ojos se detuvieron en las siguientes líneas:

(DESOLACION)

Yo, que aún beso a mis hijos cada vez que salgo de mi casa y al regreso. Yo, que sigo disfrutando con ellos, jugar con almohadas, arroparnos con la misma sábana, hacer una casita con un edredón, regalo de la hermana que me lleva siete años. Él toma forma de casa de campaña, y aunque los tres estén cada vez más cerca de los treinta, se vuelven niños ingenuos y felices y yo me crezco toda en mis adentros y al recibir sus abrazos fuertes, delicados y abarrotados de ternura yo también me vuelvo niña. Entonces, ya metidos los cuatro en la casa de campaña que es la colcha regalo de mi hermana, abrazos, besos grandes y chiquitos, cosquillas, mordidas y masajes son los alimentos mejores de mi vida.

Pero, qué hay de aquellos inocentes que no han vuelto a dormir desde que habitan otras casas, esas que verdaderamente no llegan a alcanzar sus cinco letras, que no sustituyen las cobijas de mamá, los abrazos de papá, el olor del hogar que quedó atrás.

LETTER FOR SOME EARS THAT I DON'T KNOW OR I MIGHT KNOW WELL

I want to write you from the cold that wraps up my living room, from the soft sound that escapes the air conditioner, from the season dwelling within me

I want to write you, although you never read my brief messages or my long letters, full of soft colors, or bright ones, when the sun is a blazing and burning ball that shines through the window, close to where I write my emotions

I want to write you in the middle of the interpretation of the gospel, which I usually listen to on Saturdays at 5:00 p.m. at the closest temple to my cave and that inside Carlos, Fitz or Balthazar's mouth, heart and brain, it turns into tears of joy and lessons of hope

I want to write you despite your silence, your omission, the emptiness that you unknowingly build inside of me, despite the place you take in the Messenger

I want to write you and I need it, because in you, the genocides that filled the history of your homeland continue sodomizing humanity, the families split by force, the broken love, the demolished dreams

I want to write you to tell you that my turbulent blood boils and turns off the power that the sun gives us and that intentionally moves along the way

If you don't respond, just let me know with the small blue arrow that your eyes stopped at the following lines:

(DESOLATION)

I, who still kiss my children when I leave my house and when I return. I, who still enjoy time with them with pillow fights, tucking ourselves under the same sheet and making a blanket fort with a comforter given to me by my sister, who is seven years older than me. It takes the shape of a camping tent, and although the three of them are almost in their thirties, they turn into naïve, happy, little kids. And when I get their delicate, tender, bear hugs, my heart skips a beat and I become a little girl too. Then, once the four of us are inside the tent made out of my sister's bedcover, their hugs, big and small kisses, tickles, nibbles and massages become the best nourishment in my life.

But, what about the innocent who haven't slept since they live in other houses, houses that really don't spell the word home, that can't replace mom's covers, dad's hugs, or the smell of their home left behind.

Pero, qué pasa con los padres que cruzan las fronteras con los corazones que los siguen porque han sido amenazados por las gangas y se ven obligados a dejar lo construido, a dejar sus sueños en caminos nunca imaginados para enfrentarse a una pesadilla, que a sus edades nunca pasó por sus cabezas y ya, donde el sueño americano ha dejado de existir, tienen que encarar la realidad devastadora de la separación; que en esta nueva era del país, donde las raíces fueron extirpadas y donde las pocas que quedaron son llamadas con el nombre de «Reserva».

Qué fuerza hay que buscar o descubrir dentro de las vísceras, para fortalecer el corazón de esos padres, de esos inocentes que apenas han dejado los pechos de sus madres, de esos inocentes que empiezan a sentir el cambio de sus cuerpos y no tienen ni la más remota idea del futuro.

¿Quién se atreve a avanzar para que no acabe de romperse en su totalidad, la señora Esperanza?

Yo, que a pesar de mis cinco décadas y media, físicamente un poco lejos del hogar en que crecí, aún puedo oler las mañanas lluviosas o soleadas y los frescos atardeceres vestidos de hermosura.

Yo, que a pesar de los años habitados en la mal llamada América, como si América fuera el nombre de un solo país, individual, recojo a cualquier hora el viento huracanado, los dulces de papá, las tortas de mamá, los pañuelos húmedos por el rocío desprendido de las matas de café

A mí, que a pesar de que el cráneo gradualmente se me ha ido volviendo más visible guarda en su interior un son cubano y unos tangos que anunciaban que había pasado el mediodía y ya era hora de volver a la jornada. Y entonces, cuál es el futuro de esa ciudad inmensa edificada bajo el dolor, bajo el temor, bajo los miedos, bajo los llantos, bajo el silencio que es una guerra detrás de los ojos y adentro del verbo innombrable que nació en los desiertos, en los bosques cruzados; caminando, corriendo de prisa, habitando la Bestia, donde ni remotamente cabe en la imaginación de saber a cuántas bestias tendrán que enfrentar

—¡Me duele la barriga mami!

—¡Tengo un diente flojo mamá!

—¡Mi cabeza se me está rompiendo mami!

—¡Estoy sangrando mami... pero no he tenido cuchillos, ni navajas, ni tijeras en mis manos!

—Papi quiero irme contigo, no me dejes, tengo gripe papá, quiero beber algún remedio que me quite este dolor, este dolor de estar y de ser, este dolor de vivir sin vivir, este dolor de llorar sin saber hasta cuándo

But, what happens to the parents that cross the border with hearts that follow them because they've been threatened by gangs and feel forced to leave what they built, to leave their dreams along paths never imagined to face a nightmare that never crossed their minds at their age. And now, where the American dream has vanished, they must face the devastating reality of separation; in this new era of the country, where its roots were removed and the few that were left are called "Reservations."

What strength must one seek or find in one's gut, to strengthen the heart of those parents, of those innocents who barely weaned from their mothers' breasts, of those innocents who start feeling the changes in their bodies and have no clue what the future holds.

Who dares to push forward so that it does not finish breaking in its entirety our lady Hope?

I, who despite being five and a half decades old, physically living a little far from the house where I grew up, I still can smell the rainy or sunny mornings and the fresh sunsets dressed in beauty.

I, who despite the years living in the misnamed America, as if America was the name of a single, individual country, I still take in at any time the hurricane winds, my dad's sweets, my mom's cakes, the moist handkerchiefs with the dew from the coffee trees.

Even though my skull has been gradually getting more visible, it keeps inside a Cuban son and the few tangos that would announce it was past noon and time to return to work. But then, what is the future of that immense city built under pain, under horror, under fear, under tears, under the silence of a war behind your eyes and inside the unmentionable verb that was born in the deserts, in the crossed forests; walking, running fast, inhabiting the Beast, where no one can remotely imagine how many beasts they'll need to face.

"My tummy hurts, mommy!"

"I have a loose tooth, mommy!"

"My head is pounding, mommy!"

"I'm bleeding, mommy... but I didn't have knifes, razors or scissors in my hands!"

"Daddy, I want to go with you, don't leave me, I have the flu, daddy, I want to drink some remedy for this pain, this pain of being, this pain of living without living, this pain of crying without knowing until when."

—Tengo pesadillas mami, no quiero dormir, tengo mucho miedo papá, quiero comer la comida que tú haces mami

—¡Quiero irme con mi tía, Señor!

—Señor, cuando me vaya con mi tía, mi mami estará esperándome, ¿verdad?

—Señor, solo deseo estar con mi papá, con mi mamá, con mis hermanitos, ¡con mi familia!

—¡Solo le pido a Diosito que me lleve con ellos, señor!

Entonces, ¿cuál es el futuro de todos esos corazoncitos rotos?

¿Dónde están los días felices de esos padres que viven prisioneros entre alambres de púa y paredes que no conocen alegrías?

Posiblemente sientas que te acoso, quizás yo sienta lo mismo pero hay algo dentro de mí que empuja mis dedos y mis pensamientos hacia ti.

Hoy está extremadamente caliente. El sol es un señor imponente que me da energía para hacer las cosas que debo completar, o comenzar y poner orden en mi cabeza. Me gusta verlo a través de las ventanas o, desde la sombra de los árboles. Cuando camino debajo de él y está tan húmedo como hoy, me aniquilo, siento que desfallezco y mi respiración se achica.

Mi cuñada, mi sobrinita y yo hemos ido a comprar varios tarros, tierra y algunas plantas esta mañana, para preparar y mejorar el pequeño jardín de nuestro hogar, Les digo que apuremos, que necesito llegar a la casa, sentarme y calmar todo esto que siento. Entonces cuando llego, en lo único que pienso es en escribir, dejar grabada mi caligrafía en los cuadernos, cómplices siempre de mis taquicardias, de mis secretos (si es que tengo alguno), de mis uñas moradas, de esas palpitaciones que saltan dentro de mí cuando me siento triste, feliz o preocupada. Un amigo y compañero de trabajo me llama cuando estoy quitándome los tenis y recogiéndome este pelo mío más alborotado que otras veces y le digo que si no tiene que salir que no salga, que está difícil afuera y él me dice:

—Está bien Yrene, pero cálmate, siéntate, toma agua, respira, piensa en la gente que desea que siempre estés bien, pero además, piensa en todas las personas que son importantes para ti: tus hijos, tus hermanas, tus hermanos, toda tu hermosa familia; piensa en nosotros tus amigos y en toda esa gente que has conocido cuando viajas y a esos que nunca les has visto el rostro, ni ellos a ti, esos que solo te han visto en facebook, o en google o porque quizás un día tú decidiste enviarles una foto y viceversa. Yrene, recuerda que tenemos muchas tareas que debemos cumplir, tenemos un deber moral con la humanidad, con nosotros; simplemente báñate con agua fresca, oye esa música que tanto te gusta, y entonces mira nuevamente hacia fuera y agradecerás y disfrutarás de ese día brillante que nos regala la vida hoy.

"I have nightmares, mommy, I want to go to sleep, I'm too scared, daddy, I want to eat your food, mommy!"

"I want to go with my aunt, Sir!"

"Sir, when I go with my aunt, my mom will be waiting for me, right?"

"Sir, I only want to be with my dad, my mom, my siblings, my family!"

"I only pray that baby Jesus takes me with them, sir!"

So, what's the future of all those broken little hearts?

Where are the happy days of those parents that live captive among barbed wire and walls that don't know happiness?

Maybe you feel like I'm harassing you, maybe I feel the same way, but there is something inside of me that pushes my fingers and thoughts towards you.

Today is stifling hot. The sun is an imposing master that gives me the energy to do the things that I either need to finish, or to start and organize my thoughts. I like looking at it through the window, or from the shade of the trees. When I walk under it and it's humid like today, I crush, I feel like I'm fainting and I'm short of breath.

My step-sister, my little niece and I have gone shopping for some pots, soil and plants this morning, to make the little garden in our home ready and better. I tell them to hurry up, that I need to get home, sit down and calm all my emotions. Then when I arrive, the only thing I can think of is in writing, in leaving my calligraphy engraved in my notebooks, always accomplices of my tachycardia, of my secrets (if I have any), of my purple nails, of those palpitations that jump inside of me when I'm feeling down, happy or worried. A friend and workmate calls me when I'm taking off my tennis shoes and putting my hair up, which is messier than usual. I tell him not to go out if he doesn't have to, it's difficult outside and he tells me:

"It's okay, Yrene, but calm down, sit down, have water, breath, think of the people that always wishes you well, but also, think of all the people that are important to you: your children, your sisters, your brothers, your whole family. Think of us, your friends and all of those you have met when you travel, and those whose face you've never seen, and they haven't seen yours. Those that have only seen you on Facebook, or Goggle or because maybe one day you decided to send them a picture and vice versa." Yrene, remember that we have many tasks to fulfill, we have a moral duty with humanity, with us. Simply take a bath with fresh water, listen to that music you love so much, and then look outside again and you'll appreciate and enjoy the bright day that life gives us today.

Pero te pregunto a ti, el único público que me he inventado en los últimos meses, ¿Es posible calmarse cuando enfrentas un momento en que la libertad les ha sido robada a unos niños, que en las calles luchan bajo ese sol para llevar a su casa un poco de alimento, un pequeño dulce que aliviará o disminuirá el hambre de su familia? ¿Es posible hacerse sordo, quedarse mudo, cuando se le quiebra el alma al niño que en silencio lustra los zapatos de un poeta, de un transeúnte sin nacionalidad o con todas las nacionalidades encima? ¿Serán suficientes las lágrimas escapadas como un río que no halla dónde confluir?

Yo, desde aquí, te cuestiono, me declaro, te me acerco, te enseño esta forma de mi vida. Desde este otro lado del mundo, me aferro a una respuesta, a tu respuesta, a un comentario, a una canción, a un grito, o a un silencio, a ese silencio al que ya me acostumbré.

But I'm asking you, the only audience I invented in the last months. Is it possible to calm down when you face a moment in which freedom has been stolen from some children, who struggle in the streets under this sun to take home a little food, a little sweet to alleviate or reduce their family's hunger? Is it possible to turn a deaf ear, to remain mute, when a child's soul is being broken as he shines silently the shoes of a poet, a bystander without nationality, or carrying all nationalities? Will all the tears shed be enough, like a river where there is nowhere to converge?

I, from here, question you, speak out, get closer to you, show you my way of life. From this other side of the world, I cling to an answer, your answer, a comment, a song, a cry, or a silence, that silence I'm already used to.

Translated by María Postigo

Carlos Satizábal

(Colombia)

Cádiz

Amanece. En el verdeazul de tus orillas, jóvenes buscadores de tesoros
rastrean las joyas de los amantes de la noche,
perdidas en la sal de tus arenas.
Bajo los negros ojos augurales de una niña
que cruza la noche de las noches,
arden muertos tus lagos de coral, el costillar de peces
de viejos galeones sepultados en oro,
las voces milenarias del vino y el salitre,
las canciones del sol que vuelve pensativo del mar de África.
En tus orillas palpita la oscura sangre de esclavos
y galeotes que rumian sus miserias
                                        al olvido de las olas.
En tus roídos laberintos de calicanto flota Miranda
en el vuelo de su hamaca de prisión
y rompe con su voz de loco el manto de Iris
                                sobre el vestido de oro de Catalina de Rusia
y dibuja sobre el aire apestoso de la sangre
los mapas de nuevas máquinas de guerra
y los planos de asalto a los fuertes invencibles.

La fiebre de la muerte es menos voraz que la traición:
¿Por qué el joven Simón Bolívar me entregó al español? Ah, Simón,
en la alameda de Mutis tendrás una estatua ecuestre, sin espada,
la mano abierta:
«Que me das por tus ochocientos soldados que tengo prisioneros».
                                        Dice tu mano generosa.
Pero el general español, vencedor de Napoleón
en estas marismas gaditanas,
                elegirá el orgullo,
y tú, joven que me entregaste al español,
arrojarás sus ochocientas cabezas al mar.
Cada noche salen del mar en su ola de sangre
y cabalgan la línea de estas playas
ochocientos fantasmas de soldados imperiales sin cabeza.
Tanta sangre y tanta mierda derramadas para nada.
                            Otro imperio viene ya sobre nosotros.
Las frágiles fronteras del sueño americano
ya son sal y carne de los traidores.

Cádiz

Day breaks. In the bluegreen of your shores, young treasure seekers
search for the jewels of the night lovers,
lost in the salt of your sands.
Beneath the black foreboding eyes of a girl
that crosses the night of the nights,
your coral lakes burn dead, the rack of fish
from old galleons buried in gold,
the millenary voices of the wine and saltpeter,
the songs of the sun that make the Sea of Africa pensive.
On your shores the black blood of slaves and galley slaves
ruminating over their miseries
                              beats to the oblivion of the waves.
In your tattered stone-wall labyrinths Miranda floats
in the flight of his prison hammock
and his deranged voice breaks Iris' cloak
                              over Catherine the Great's golden dress
and draws over the stench of blood in the air
the maps of new war machines
and the plans of assault on invincible forts.

The fever for death is less voracious than the treason:
Why did the young Simón Bolívar hand over the Spaniard? Oh, Simón,
on Mutis boulevard you will have a swordless, equestrian statue, your
hand open:
"What will you give me in exchange for your eight hundred soldiers
I've imprisoned."
                       Says your generous hand.
But the Spanish general, victor of Napoleon
on these Cadiz marshlands,
      will chose pride,
and you, who handed over the Spaniard,
will throw your eight hundred heads into the sea.
Every night they emerge from the sea in waves of blood
and ride the line of these beaches
eight hundred ghosts of headless imperial soldiers.
So much blood and so much shit spilled for nothing.
                            Another empire already comes over us.
The fragile borders of the American dream are already the salt and
flesh of the traitors.

Y la oscura paz de la memoria desatada con su profético delirio
                              a las puertas de la muerte
sólo hace más incierto el camino de luz que vemos los muertos al llegar
a tus costas,
           Cádiz.

En tus celdas conventuales, Mutis,
con su frente incendiada de hojas y de pájaros,
vuelve a cruzar el valle ardiente de Yuma,
el río grande de la Magdalena,
y contempla los fantásticos trazos de los maestros quiteños,
copistas de flores, ramas, hojas y frutos, asombros de la nueva ciencia,
y siembra de borracheros y de sanpedritos la alameda de la muralla y
las hornacinas.

En tus plazas los muros celebran la libertad, la revolución
y la independencia.
Con gratitud te llamas a ti misma: Puerta de América.

En el café de enfrente, los desterrados de la noche
cantan sus sueños de mar
al viento africano del amanecer, rojo y blanco de gaviotas
pintadas por el sol.
La cara de hacha del viejo marinero recuerda el olvidado remo celta
y la fuente romana y el acero visigodo y la memoria de Grecia:
Seremo tan viejos como er gran Sahara der viento
ar final de la espuma,
y aún már viejo que er mar, ya ni ruina tenemo,
solo er cante y la luna...
—canta el viejo marinero— y extiende su brazo como ola fresca
desde el jazmín que abandona la noche
hasta el mar abierto al cielo de sangre del amanecer.

Cádiz Andalus, hace más de mil años en tu cante árabe
la joven Europa escuchó la perdida voz de Grecia,
de Platón, de Aristóteles.

Con los últimos grillos y las primeras cigarras dormidas del sol,
entre risas y besos de la noche huyente,
llega del jardín del malecón la voz y el canto
de los muchachos y las muchachas

And the obscure peace of the unhinged memory with its prophetic
delirium
                at the doors of death
casts uncertainty over the paths of light where we see the dead arrive to
your shores,
                Cádiz.

In your monastic cells, Mutis,
with his brow inflamed by leaves and birds,
crosses once again the burning valley of Yuma,
the grand river of the Magdalena,
and contemplates the fantastic strokes of the masters from Quito,
copiers of flowers, branches, leaves and fruits, wonders of the new science,
and spreaders of drunkenness and saintpeters along the walled
boulevard with its niches.

In your plazas the walls celebrate liberty, revolution
and independence.
With gratitude you call yourself: Port of America.

In the coffee shop in front, those banished by the night sing their
dreams of the sea
to the African morning wind, red and white with seagulls
painted by the sun.
The old sailor's battleax face remembers the forgotten Celtic oar
and the Roman fountain and the Visigothic sword and the memory of Greece:
Arr we will be as old as the great Sahara of the wind
at the end of the foam,
And even older than the sea, arr, we don't even have our ruins,
only this song and the moon...
—the old sailor sings— and extends his arm like a new wave
from the jasmine that abandons the night
to the open sea to the blood dawn sky.

Cádiz Andalucian, in your Arabic chant more than a thousand years ago
the young Europe heard the lost voice of Greece,
of Plato, of Aristotle.

With the last crickets and the first cicadas sleeping in the sun,
between laughter and kisses of the fleeing night,
the voice and the chant of the young men and women
arrives from the pier's garden

borrachos de vino del jardín griego
y alunados con el kif de los baños de Alá.
Un ulular y una alarma de algarabía nos arranca
de la barra somnolienta y de las hierbas amorosas
y de las olas de ojos sin sueño reventando con voz de acantilado.
Tras el pan duro que brilla en las esquinas desdentadas
de la pequeña Europa,
mi África de los vientos ha lanzado sus hijos
a la brisa azarosa del estrecho
      mare nostrum.
En la noche del alma las olas vinosas han roto sus frágiles pateras
contra el frío de los vientos y la locura de las piedras.
La guardia costera los trae. Sobre el puente de la barcaza
un terco brazo levantado al cielo sale del hule negro
que oculta la muerte.

África de mi sangre, somos ese brazo, somos esa mano,
somos ese cielo que despides.
África de mi sangre, en ella suena tu voz y tu ola y tu kora y tu tambor,
y nadie les oye.
Llegan los cuerpos de tus bellos muchachos y tus bellas muchachas
rescatados de las aguas tremendas del mito, y nadie los ve.
Pasa la algarabía y pasan las sirenas y todos vuelven a la barra
para ver la tragedia
con sus ojos ya cegados por la luz de los noticieros.

¿Dónde está, Cádiz, tu música? ¿Dónde, Al Andalus, tu canción?
¿Dónde África mía el amor de Yemayá?
¿Dónde el llanto de Ochún, el roto tambor de la rebelión?
¿Dónde la América libertaria que celebras en tus plazas?
¿Dónde hermosa niña de la mañana, tus ojos que incendien
con su ternura
    la noche sin amor?

a Pepe Bable y Charo Sabio

Poema del libro *La llama inclinada*,
Premio Nacional de Poesía Obra Inédita,
Bogotá, Colombia, 2012

drunk on wine from Greek gardens
and moonstruck with the kif from the baths of Allah.
Howling and alarming cries tear us
from the sleeping beam and the loving herbs
and from the waves of sleepless eyes bursting with cliff voices.
Beyond the hard bread that shines in the toothless corners
of the little Europe,
my Africa of the winds has thrown her children into the channel's hazardous breez
          mare nostrum.
In the soul's night the vinous waves have crashed its fragile dinghies
against the cold winds and the rocks' madness.
The coast guard brings them in. Over the riverboat bridge
a stubborn arm raised to the sky surfaces from the black plastic
that covers death.

Africa of my blood, we are that arm, we are that hand, we are that sky
that you release.
Africa of my blood, where your waves, kora and drums that nobody hears, resound.
The bodies of your beautiful young men and women arrive
rescued from the myth's tremendous waters and nobody sees them.
The uproar subsides as the sirens fade and everyone goes to the beach
to see the tragedy
with their eyes already blinded by the light of the news crews.

Cádiz, where is your music? Where, Andalucian, your song?
Where, my Africa, Yemayá's love?
Where Ochún's cries, the broken drum of the rebellion?
Where the free America that you celebrate in your plazas?
Where, beautiful girl in the morning, your eyes that ignite with their tenderness
        the loveless night?

To Pepe Bable and Charo Sabio

From the book *La llama inclinada*,
National Poetry Prize for Unpublished work
Bogotá, Colombia, 2012

Translation by Jenniffer Ratbun

Jesús Sepúlveda
(Chile)

EL FASCISMO SE SIENTA A LA MESA

Padre sorbe su sopa
      y espía el mundo que alrededor se desploma

Madre mira por la ventana
      la danza de la muerte que por sus ojos cabalga

El fascismo ha embaucado a la hermana

La niña llora con ojos claros
      que botan lágrimas de porcelana

El fascismo se sienta a la mesa
      provoca discordia
      echa risotadas
      El hermano estalla

La niña se sienta a la mesa
      y el fascismo la embaraza

      Pare una criatura pelirroja que siente la mano dura en su espalda

      Cruje la guerra
      El trasero quemado que moja la cama
      El castigo
      Los correazos

      La hermana calla

El fascismo se ha sentado a la mesa
Padre remoja el pan y pierde los dientes

La criatura llora
      chilla
      y a veces también se queda quieta

Corazón de madre agitado
      que palpita
      y ora

FASCISM SITS AT THE TABLE

Father slurps his soup
    and spies on the world that collapses around him

Mother looks out the window
    the dance of death riding through her eyes

Sister has been fooled by fascism

The girl cries with crystal eyes
    porcelain tears

Fascism sits at the table
    causes discord
    casts laughter
    Brother bursts

The girl sits at the table
    and fascism impregnates her

        Gives birth to a redheaded creature who feels a hard hand on her back

    War groans
    A burned bottom wets the bed
    Punishment
    She gets hit with a strap

    Sister is silenced

Fascism has sat at the table
Father soaks the bread and loses his teeth

The creature cries
    screams
    and sometimes also stays still

The heart of a disturbed mother
    throbs
    and prays

El fascismo se apropia de la casa
Hace exhibiciones de hombría
        grita cuando habla

        El fascismo
        piensa en dios
        y llora

        Sabe humillar
        y denosta

        Buitres –dice
        Comunistas
        y se llena la boca con la comida que madre e hija preparan

        Es vulgar
        y no le importa

Se alegra cuando muestran por la tele
        la sombra de los fusilados
        Habla de patria y familia

        Trizadura en el pasillo
        que corre como columna de enfermo

Padre se va curvando en su silla de ruedas
Madre suspira ante el recuerdo de una foto en blanco y negro
Se abre el hueco de la sepultura

Nieta oculta las marcas del horror

Hasta que un día cumple quince
        y su pelo ya no es pelirrojo
        sino rubio
        y triste como un cuadro de Van Gogh

        Entonces el fascismo la embaraza
        aborta
        la trauma
        Y así vive hasta que se casa

Fascism seizes the house
Makes exhibitions of manhood
       shouts when it speaks

      Fascism
      thinks about god
      and cries

      Knows how to humiliate
      and insult

      "Vultures" — it says
      "Communists"
      and fills its mouth with the food mother and daughter prepare

      It's vulgar
      and doesn't care

It rejoices when they show on TV
      the shadow of the executed
      It speaks of homeland and family

      Crack in the corridor
      runs like a patient's spine

Father sags in his wheelchair
Mother sighs at the memory of a black and white photo
The burial hole opens

Granddaughter hides the marks of horror

Until one day she turns fifteen
      and her hair is no longer red
      but blonde
      and sad like a painting by Van Gogh

      Then fascism impregnates her
      she aborts
      is traumatized
      And so she stays until she gets married

Ella misma ya es madre
Luego se separa
    y enviuda

Marido muerto en sala de hospital
Esposa en cama por derrame cerebral

El fascismo se hace la víctima
    Se queja
    Proclama

Pero un día la niña se levanta
    y habla
    Se recupera
    Vomita esa cosa oscura que tenía atragantada

She is herself a mother now
Later she separates
      and is widowed

Husband dead in a hospital room
Wife in bed after a stroke

Fascism plays the victim
      Complains
      Proclaims

But one day the girl gets up
      and speaks
      She recovers
      Vomits the dark thing that had choked her

Translated by Elmira Louie

DOSCIENTOS AÑOS

¿Qué es un país?

¿Un recuerdo
una calle sin salida donde juegan los niños a la pelota
la hora de once o una tarde de verano
un momento
el olor a pan tostado
y la certeza del hogar?

¿O una tumba donde descansan los padres que dejaron un hueco abierto?

¿Una lápida bajo el cielo de febrero
y marzo
y junio cuando se sabe la verdad?

¡Oh, gloriosa precariedad de los días de abril!
¡Oh, mes más cruel
y mortecino
que desencadena la memoria!

¿Qué es un país?

¿Los ojos profundos de una hija que nos ve partir en silencio?
¿El hedor de una esquina a medianoche
un almacén
o la avenida con sus tiendas de ropa?

Hay un tocadiscos de vinilo

Muebles tristes
que encienden la oscuridad de un plato de sopa

Reflejo fugaz en las ventanas del metro
Rostros sorprendidos ante tanta celeridad

¿Qué es un país?

Postal borrosa
Pasaporte
Velador en desuso

TWO HUNDRED YEARS

What is a country?

A memory
A dead-end street where children play soccer
tea time or a summer evening
a moment
the smell of toasted bread
and the certainty of home?

Or a grave where the parents who left an open hole are resting?

A headstone under the sky of February
March
and June when you know the truth?

Oh, uncertain glory of April days!
Oh, cruelest
and deadly month
that triggers memories!

What is a country?

The profound gaze of a daughter who sees us leaving in silence?
The stench of a corner at midnight
the grocery store
or the avenue with boutiques?

There's a vinyl record player

Sad furniture
that lights the gloom of a bowl of soup

Fleeting reflection in metro windows
Surprised faces before so much quickness

What is a country?

Blurry postcard
Passport
Unused nightstand

Amalgama de barrios y poblaciones
Alcantarillas ante el ocre del ocaso

El río Lobo donde habitan las ratas de la mugre
y los comentarios pícaros de mi padre ya muerto

Fragancia de amigas y bellas amantes
en las flores del papel mural de un hotel parejero

Cervecerías frente a las plazas
que evaporan el día y prenden la luz
Autobuses

Al fondo se oyen los pasos apurados de mi madre trabajadora

¿Qué son esos departamentos derrumbados como cajas de fósforos?
¿Y los días en el péndulo de un reloj detenido frente al mar?

¿Qué es la muerte?

Con la bandera no se juega y mostró el puño —dijo—
Con los emblemas no se jode y sacó un cañón —hizo—
Con las llaves cerró el paso y vociferó —se satisfizo—

Banda de bandidos
y alaracos

Estafetas de uniforme
y testaferros

Puercos del infierno
y del cielo

¿Qué hicieron cuando quemaron a esos niños?

Se encendieron barricadas
No hubo arrepentidos

Y nadie dijo nada, Pezoa
ni el vecino Soto, ni el amigo Astaburuaga

Porque somos eso:
un montón de apellidos desparramados desde la cubierta de un barco

Amalgam of barrios and slums
Sewers before the ochre sunset

The river Lobo where grimy rats dwell
and the rogue comments of my dead father

Fragrances of girlfriends and beautiful lovers
in the flowers of the motel wallpaper

Breweries around the plazas
which evaporate the day and turn on the lights
Buses

You hear the rushed steps of my working mother in the background

What are those apartments collapsed like matchboxes?
And those days in the pendulum of a clock suspended before the ocean?

What is death?

Don't make fun of the flag, and put up fist — was said
Don't fuck with emblems, and let loose the gun — was done
Don't enter, rejoiced in blocking the way with the keys — was shouted

Band of bandits
and cry-babies

Couriers in uniforms
and nominees

Pigs from hell
and heaven

What did you do when they burned those kids?

Barricades were lit
None felt remorse

And nobody said anything, neither Pezoa
nor Soto the neighbor nor Astaburuaga the friend

Because that's what we are:
a bunch of last names scattered from the deck of a ship

aventureros sin timón endebles bajo la noche
desarraigados con barba
y mujeres oscuras portando la cruz de la masacre

¿A qué se vino?
¿A mezclarse o a esclavizar?
Fronda épica en octava real

¿Será acaso la última vez que escriba como compatriota?

Déjenme crecer la cara
Rasputín enloquecido

¿Qué es un país?

La madre superiora de un colegio de monjas guarda su rosario bajo la almohada
Se derrite el barquillo de chocolate en la gelatería del centro
Las montañas se deslavan como trozos de plumavit
Jinete solitario en el valle de una acuarela

¿Qué fue de los bombarderos?

¿Y la plaza con niños donde había una aplanadora
la bicicleta de Wilson
la paquetería
la botica
la feria de los sábados
y sus verduleros?

¿Acaso hubo un Nguillatún que nos involucrara a todos?
Cai-Cai Vilú
Tren-Tren Vilú
La serpiente de tierra da coletazos en el agua

Y esas viejas arrugadas cargan bolsas pesadas
con sus piernas chuecas de gallinas en gallinero

¿Qué dijo el doctor
o la matrona
y esa meika del sur que lee la orina?

adventurers without helm flimsy under the night
uprooted bearded ones
and dark women carrying the cross of slaughter

Where do you come from?
From mixing or enslaving?
Epic frond in *octava real*

Will this be the last time I write like a compatriot?

Let me grow my features
Mad Rasputin

What is a country?

The Mother Superior of a convent school keeps her rosary under her pillow
The chocolate cone melts in an ice-cream parlor downtown
The mountains landslide like pieces of Styrofoam
Lone rider in a watercolored valley

What happened to the bombardiers?

And the kids' plaza where there used to be a steamroller
Wilson's bicycle
the retail store
the pharmacy
the Saturday farmer's market
and produce stands?

Was there perhaps a Nguillatún ceremony that involved us all?
Cai-Cai Vilú
Tren-Tren Vilú
The earth serpent thrashes in the water

And those old women carry heavy bags
with their crooked legs like hens in chicken coops

What did the doctor say
or the midwife
and that medicine woman from the south who reads the urine?

¿Qué es un país?

¿Y sus doscientos años?
¿Qué son?
¿Qué se celebra?

¿Acaso la risa impostora que piensa en miles de millones?

¿Las patillas mofletudas
de un libertador colorín y rechoncho?
¿El pelo chuzo del ilustre Salas?
¿O la Aurora de un cura que no fue pedófilo por miedo a amar?

¿Dónde quedaron tus arroyos
álamos imponentes
lagos con la forma de cisnes de cuello negro?

¿Qué se hizo la tierra verde?
Vergeles que una vez abrazaron la brisa

¿Qué fue de las pozas azules
repletas ahora de basura y plástico?

Hubo un país y un hombre culto que creyó en la fuerza de su tono metálico
y una guitarra
una sonrisa
una arpillera escrita con poesía

¿Qué fue de todo ello?

¿Acaso un bombazo desmoronó el recuerdo?
¿Tan frágil era la melodía?
¿O los hombres de verde que no quisieron ayudar echaron tierra en la última
[sepultura?
No te extraño, viejo amigo, sólo te quiero a la distancia

What is a country?

And its two hundred years?
What are they?
What is celebrated?

Perhaps the laughing impostor who thinks about billions?

The red sideburns
of a fat founding father?
The thick and coarse hair of illustrious Salas?
Or the *Aurora* paper printed by the priest who was not a pedophile for fear to
[love?

Where are your creeks
towering poplars
lakes in the shape of black-necked swans?

Where did the green soil go?
Orchards that once embraced the breeze
Where did the natural blue pools go
now full of trash and plastic?

There once was a country and an educated man who believed in the strength of
[its metallic tone
and a guitar
a smile
a burlap written with poetry

Where did all this go?

Did the bombing perhaps collapse the memories?
Was the melody this fragile?
Or was it the men in green uniform who refused to help cover the last burial
[ground?
I do not miss you, my friend, I only love you from afar

Translated by Fabienne Delprat
& Jesús Sepúlveda

RUTA

Medellín, 2017

Entro en aquella senda
        con cortes en el rostro

La música suena
        aunque apagados estén los parlantes

Espíritus monótonos
        monopolizan el paisaje

Padre, madre, hermanos
        ¿dónde dejaron su sombra?

Vuelta de senda
        con más chicotazos en el cuerpo

Madre mía
        ¿cómo se deshizo el mundo?

La flautista traversa
        hace un solo en el triángulo de la noche

Entro en el ritmo
        Las palabras destilan un nombre fugaz

Sangre de sangres y sangres
        La selva tiene huellas circulares

¿Cómo le darás la mano?
        ¿O un beso?

No es sino con el corazón
        que el cuerpo cavila

Y oye con los oídos
        que cuelgan de la techumbre del cerebro

La senda es larga como una carreta
        pero caminando se anda

ROUTE

Medellín, 2017

I begin that path
        with cuts on the face

Music plays
        although the speakers are off

Monotonous spirits
        monopolize the countryside

Father, mother, siblings
        where have you left your shadow?

The path contorts
        as the body endures lashes

Holy shit
        how did the world come undone?

The well-versed flutist
        performs a solo in the triangle of night

I get in rhythm
        the words distill into a fleeting name

Blood of bloods and bloods
        the jungle has circular footprints

How would you offer a hand?
        Or a kiss?

Is it not with the heart
        that the body ponders

And listens with the ears
        that hang from the dome of the brain

The path is long like a caravan
        but by walking we proceed

Coagulemos todos con fuerza
   ¡Vamos, dale, puja!

Por cada parto caen lágrimas
que se transforman en hongos al borde del camino

¿Cómo hacerse gigante o pequeño
   sin ser mísero ni mezquino?

El sendero tiene ojos
   y las paredes orificios donde entran las estrellas

Vestido rojo en penumbra de balcón
   De lo obvio ni hablar

¿Cuántos trajes yo no diera?
   ¿cuántos mandamases y estafetas?

Dolor de la montaña y colmenas humanas
   No hay imaginación

El río se seca
   y los árboles raquíticos se pronuncian con angustia

Soplan los abuelos el recuerdo
   que se esfuma con el viento del sur

«Lo esencial es invisible al estado»
   Caos orgánico

Yo pensaba que los ciegos no miran
   Habitantes del misterio

Estar satisfecho es estar muerto
   Ríos de palabras y hormigas de cartulina

Los cortes en el rostro desaparecen
   Pintura ritual

Bajo la suela se alisa la senda
   Caminando se anda

Let us unite and gain strength
   ¡Vamos, dale, puja!

For each birth fall tears
   that turn into fungi on the edge of the road

How can you become big or small
   without being pitiful or petty?

The trail has eyes
   and walls where stars enter through the holes

Red dress in the balcony's twilight
   Don't state the obvious

How many suits would I not give?
   how many barons and couriers?

Mountain pains and human hives
   There's no imagination

The river dries up
   and the stunted trees scream in anguish

Elders blow the memory
   that fades away with the southern wind

"The essential is invisible to the state"
   Organic chaos

I thought the blind couldn't see
   Residents of mystery

To be satisfied is to be dead
   Rivers of words and ants of cardboard

The cuts on the face disappear
   Ritual painting

The path smooths beneath the sole
   By walking we proceed

         Translated by Elmira Louie

Fredy Yezzed

(Colombia / Argentina)

CARTA DE LAS MUJERES DE ESTE PAÍS

Dedicado a los desaparecidos que siguen buscando
los brazos de las mujeres de Colombia

*Las mujeres sufrimos y recordamos la guerra de otra manera,
las mujeres narramos la historia de nuestros sentimientos.*

Svetlana Alexiévich

CARTA PRIMERA Y LA MÁS DIFÍCIL

No mueran más en mí, salgan de mi lengua.
Los he visto caer con el torso desnudo,
los brazos alzados, esas miradas.
Les presto las manos que se vendaron los ojos,
los oídos que se negaron a oír sus gritos,
mi boca solitaria en su noche furiosa.
Rueden acostados sobre los pastos de esta colina de
mi lengua, vuelvan a reír, déjennos escuchar
las risas mientras caen, se doblan, se nombran a sí mismos.
No se escondan en las piedras frías de mi lengua, los
he visto en la paloma muerta en medio del sendero,
en los heridos que hablan a los geranios,
en la tormenta que se avecina.

Sobre la mesa está la noche doblada,
la lluvia que no se dijo;
y la espera, la piedra, el nudo.

Salgan todos: dejen este barro, esta neblina, el frío
de estos páramos de mi lengua. Canten su retorno,
asomen su voz del fondo de la tierra.

¿Que para qué estas cartas?
Para nacer, Antonio, para renacer.

Una carta es un país en el aire.

LETTER FROM THE WOMEN OF THIS COUNTRY

> Dedicated to the disappeared who are still
> searching for the arms of Colombian women
>
> *We, women, suffer and remember the war differently,*
> *We, women, tell the history of our feelings.*
>
> Svetlana Alexiévich

FIRST LETTER AND THE MOST DIFFICULT ONE

Don't die anymore within me, come out from my tongue.
I've seen them fall bare-chested,
Their raised arms, those looks.
I lend them the hands of those who blindfolded their eyes,
The ears that refused to hear their cries,
My lonely mouth in their angry night.
Roll down lying on the hilly pastures of
My tongue, laugh again, allow us to listen
The laughter while you fall, buckle, and name yourselves.
Don't hide under the cold stones of my tongue,
I've seen them in the dead pigeon in the middle of the road,
In the wounded who talk to the geraniums,
In the storm that lies ahead.

Night's buckled on the table,
The rain that wasn't spoken about;
And the wait, the stone, the knot.

Come out you all: leave from this mud, this fog, the cold
Of the badlands of my tongue. Sing your return,
Raise your voice from the depths of the Earth.

What's the purpose of these letters, you ask.
To be born, Antonio, to be reborn.

A letter is a country in the air.

CARTA CON UN PAISAJE BORDADO

Macarena borda paisajes bajo la tierra: montañas azules,
aves turquesa, troncos rojos, libélulas verdes, hojas rosa,
ríos lila, nubes esmeralda, rocas plateadas.
Los hilos como una ola se mecen de una orilla a otra.
Hay música y hay luz en su oficio paciente.

Macarena ensarta las agujas, estira sus hilos, hace sus nudos delicados.
Arriba y abajo, el beso de la puntada sobre la tela.
El paisaje revienta en rayos luminosos en sus palmas
bajo el fondo mineral, luctuoso, impenetrable de su país.

Ella le da golpes de pecho a lo que hace mucho tiempo
dejó de palpitar. Cose —sin darse cuenta—
una herida antigua.

Bajo la tierra, junto a una ventana clausurada, con unas nubes grises,
los hilos dorados encienden el fuego,
susurran vocales de las que estallan azucenas.

Amordazada en la noche su lámpara canta.
Su paisaje emerge de la tierra.

CARTA A LO QUE NACE EN LA PANZA DE LOS PECES

Esta tristeza, Juan, empujaría un barco río arriba.
En la panza de los peces eres también este país.

Me dijeron pueblo abajo que te vieron con tu hermosa
desnudez desnudar la luz. Con tus ojos quietos
copiar la lluvia, memorizar las nubes. Con tu palabra
bullosa nadar en silencio.

Lo que el hombre dividió, los peces del río
—en su humilde hambre— reconcilian.
Lengua, seno, costilla recuerdan su pasado
y vuelven a ser lenguaje, olor, un pecho en qué habitar.

LETTER WITH AN EMBROIDERED LANDSCAPE

Macarena embroiders landscapes under the ground: blue mountains,
Turquoise birds, red trunks, green dragonflies, pink leaves,
Lilac rivers, emerald clouds, silver rocks.
Threads, like waves, sway from one bank to the other.
There's music and there's light in her patient craft.

Macarena threads needles, stretches her threads, ties her delicate knots.
Up and down, the kiss of the stitch on the cloth.
The landscape bursts into rays of light in her palms
On the mineral, mournful, impenetrable background of her country.

She's beating on the chest of what stopped
Throbbing long ago. She sews – unknowingly –
An old wound.

Below ground, next to a shut-down window, with a few gray clouds,
Golden threads light the fire,
They whisper vowels from which lillies blaze forth.

Muzzled in the night, her lamp is singing.
Her landscape springs up from the ground.

LETTER TO WHAT IS BEING BORN IN THE BELLY OF THE FISH

This sadness, Juan, would push a boat up the river.
In the belly of the fish, you're also this country.

They told me downtown they've seen you undressing the light
With your beautiful nakedness – with your quiet eyes
Replicating the rain, committing the clouds to memory, swimming
Quietly with your bustling word.

What man put asunder, the river fish
– in their humble hunger – join together.
Tongue, bosom, rib remember their past
And once again become language, scent, a breast to dwell in.

Desde el fondo turbio del río, con los cabellos
untados de barro, la espalda crucificada a ramalazos,
asciende un coro de vocales largas.

Van con sus cruces los nadadores olímpicos, buscando
tierra y consuelo en el fondo del río,
oleando vida en la orilla de nuestro mar.

Todos los ríos de Colombia son hierbas frescas para los
amantes, cunas para los hijos,
tierra santa.

CARTA~MANIFIESTO Y ESAS FLORES VIOLETAS

Las flores de violeta tienen forma de corazón, mas no palpitan.
Modestas, se han escondido debajo de un pino derribado a orillas del río.
En un recodo han quedado sitiadas por el sueño.
Y como en una tinaja de barro el verano ha calentado las aguas.
De cada violeta ha salido una tinta azul, una grafía de humo en el agua.
Como rodeadas de un aura, las violetas tiznan la orilla de un escarlata delicado.
Si hay un dibujo de la muerte, pueden ser las violetas
cortadas con sevicia. Llamadas a la desventura.
No está el canto del mirlo en sus carnes, ni
la palma ardorosa del amor, ni la risa
del niño que las codició para su madre.
Con suavidad el viento mete el dedo y revuelve
la sopa sanguinolenta.

¿De quién estos racimos de sal, esta luna cercenada,
las rodajas de él, ella, tú, nosotros?

Con esta imagen enloquecen los ojos de la mañana.

No te perdono, Poesía, que frente a este horror
des un paso al costado.

From the murky depths of the river, with their hair
Covered with mud and their back scarred with lashes,
A chorus of long vowels rises up.

The Olympic swimmers bear their crosses, searching for
Land and solace at the bottom of the river,
Rolling life into our seashore.

All the rivers in Colombia are green pastures for
Lovers, cradles for their offspring,
A holy land.

LETTER-MANIFESTO AND THOSE VIOLET FLOWERS

Violet flowers are heart-shaped, but they don't beat.
Modest, they've hidden under a pine tree laid down at the river bank.
In a crook, they've been besieged by sleep.
And as if it were an earthen jar, summer has warmed the water.
A blue ink has sprung forth from each violet – a smoke signal on the water.
As if surrounded by an aura, the violets blacken the riverbank with a delicate bright
red If there were a drawing of Death, it could be violets
When they've been clipped with cruelty. Destined to misfortune,
The blackbird's call is not in their flesh,
Nor the passionate palm tree of love, nor the laughter of
The child who coveted them for his mother.
Gently, the wind fingers and stirs
The bloody soup.

Whose are these clusters of salt, this mutilated moon,
These slices, his, hers, yours, ours?

Morning's eyes are driven mad with this image.

I won't forgive you, Poetry, because you witnessed this horror
And stepped aside.

CARTA QUE TE GUARDA EN SU MEMORIA

Quien te nombra, te llama, enciende un ramo de flores
amarillas. No puedes decir que tu silencio fue en vano.
La palabra no dejará de humedecer tus párpados.
Es el poema el único que te guarda en su memoria.
Te espera el aire limpio de sus balcones. Una mano
invisible te pone café sobre las heridas. La gran casa
del poema te invita a pernoctar en su tiempo.
Te acuestas sobre sus sábanas blancas y llega a tu
mente el licor confortante de la familia. Apoyas tu muerte
desvelada en sus almohadas y sube el olor de una sopa
de amor crepitando. En sus corredores juegan tus hijos
a esconderse. Desde sus habitaciones escuchas
los ruidos en la cocina, el agua del río, el canto del gallo,
la mano del viento despeinando los eucaliptos.

CARTA A UNA NIÑA MALCRIADA

Tierra mala, tierra mala, tierra mala:
no lo vuelvas a hacer.

CARTA AL HOMBRE QUE ASESINÓ A MI HIJO

Todas mis noches, oración tras oración, te deseé la sangre más negra.
Dije piedra, dije mercurio, dije lobo, dije árbol podrido en tu corazón.
Maldije las manos de tu madre que le dio horma a tu cuerpo con esperanza,
Maldije a la mujer que te amó creyendo que era amor,
Maldije a la partera que te salvó de ser ángel, de ser miel, de ser boca tierna.
Lejos de mi lengua lancé el pueblo de calles empedradas que te vio correr,
al país que te dio un nombre y este derecho de triturarnos y hacernos olvido.
Encadenada a tu odio, te profesé todo mi amor, y te profesé todo mi vacío.
Soñaba con tu rostro bajo mis uñas, soñaba que me soñabas mirándote en silencio,
soñaba que la lluvia golpeaba a tu ventana con vísceras de cordero.
Pero cuando la zozobra me quebraba los huesos, la vida te puso frente a mis ojos:
no podía creerlo, en tu joven rostro vi el rostro de mi hijo,

LETTER THAT PRESERVES YOU IN ITS MEMORY

Whoever utters your name, calls you, lights up a bouquet of yellow
Flowers. You cannot say that your silence was in vain.
The word won't stop moistening your eyelids.
The poem is the only one that preserves you in its memory.
The clean air of its balconies awaits for you. An invisible
hand spreads ground coffee over your wounds. The poem's
Large house invites you to spend the night in its time.
You lie down on its white bed sheets, and the family's
Comforting liquor springs to your mind. You rest your sleepless
Death on in its pillows, and the aroma of a simmering
Soup of love rises. In its halls, your children play
Hide-and-seek. From its rooms, you hear
The noises in the kitchen, the river water, the cockcrow,
The wind's hand disheveling the eucalyptus trees.

LETTER TO A SPOILED GIRL

bad soil, bad soil, bad soil:
Don't do that again.

LETTER TO THE MAN WHO KILLED MY SON

Every night, prayer after prayer, I wished you the blackest blood.
I said stone, I said mercury, I said wolf, I said rotten tree in your heart.
I cursed your mother's hands who molded your body with hope,
I cursed the woman who loved you believing that it was love,
I cursed the midwife who saved you from being an angel, from being honey, from
                                                  [being a tender mouth.
I hurled away from my tongue the cobbled-street village that saw you running,
The country that gave you a name and this right to crush us and throw us into
                                                          [oblivion.
Chained to your hate, I professed all my love and all my emptiness to you.
I used to d ream of your face under my fingernails,
I used to dream that you dreamed of me watching you in silence,
I used to dream that the rain was hitting your window with lamb entrails.
But when grief was shattering my bones, life placed you in front of my eyes:
It seemed unreal because in your young face I saw the face of my son,

en tu mirada perdida vi su última mirada, en tu cabello revuelto vi su grito
llegando alegre de la escuela, con los perros y con el hambre.
Ahora que buscas en el fondo turbio del estanque una moneda,
ahora que añoras entre las hierbas otro nacimiento, ahora que tus manos
heridas se niegan a herir, dime, contesta a este marco sin fotografía,
a esta bicicleta abandonada, a este tigre muerto que es tu país: ¿Quieres mi perdón?
¿De qué te salva él? ¿Qué destruye, qué levanta, que esconde bajo los álamos
[olvidados?
¿Servirá de algo que limpie la sangre de mi hijo de tus manos?
El perdón duele, sale del estiércol, vuela por encima de nuestras cabezas,
perfuma, mas no termina de lavar nuestras naranjas ensangrentadas.
En medio del pan duro y los ácidos más crueles: te perdono —pequeño
huérfano—, te perdono y me libero de tus alambres,
te perdono y desanudo tus púas más hirientes.

Dime tan solo una última palabra.
Dime bajo qué piedra debo buscar su nombre,
Dime en el fondo de qué río debo cantar
su melodía, dime entre las hierbas envenenadas en qué corazón debo escarbar…
Tú y yo somos dos cuervos que se miran sin consuelo.
Tú y yo somos este jardín de los desaparecidos.
Este amor violento.

CARTA DE LAS MUJERES DE ESTE PAÍS

Aquí estamos, con la espuma en la mano frente a los trastos,
escuchando el sonido de la sangre. A través de la ventana, la luz de la luna
ilumina los metales y las pompas de jabón.
Estamos ya viejas y recordamos cosas frágiles. Todas nosotras estábamos allí.
Nos dejaron vivas para que pudiésemos decir las manzanas podridas.
También para que susurremos mientras gotean nuestros dedos:
                    «No nos arrebataron el amor».
Quisiese que el dolor se fuese como se va la grasa por el sifón.
Pero el dolor está ahí como un hijo creciendo adentro nuestro.
El dolor nos dice: «Hijas mías, mirad cómo han mudado de alas».
Hay brillo en las cucharas y los tenedores, pero el recuerdo, el rayo,
el apellido de nuestros hombres aún sigue latiendo entre las manos.

In your absent stare I saw his last stare, in your disheveled hair I saw his cry
Cheerfully coming home hungry from school with his dogs.
Now that you're looking for a coin at the bottom of the murky pond,
Now that you're longing in the grass for another birth, now that your wounded
Hands refuse to wound, tell me, answer to this empty picture frame,
To this abandoned bike, to this lifeless tiger that is your country: Do you want my
[forgiveness?
What would it save you from? What would destroy, what would lift,
What would hide under the forgotten aspen trees?
Will it do any good if I clean my son's blood from your hands?
Forgiveness hurts – it comes out from the manure, it flies above our heads,
It perfumes, but it doesn't manage to wash away the blood from our orange
[blossoms.
In the midst of the stale bread and the cruelest acids: I forgive you – little
Orphan – I forgive you and release myself from your razor wires,
I forgive you and untie your most hurtful barbs.

Just tell me one final word.
Tell me, under which stone should I look for his name?
Tell me, at the bottom of which river must I sing
His melody? Tell me, in which heart should I dig among those poisoned leaves of
You and I, we are two ravens looking at each other inconsolably.   [grass?
You and I, we are this garden of the disappeared.
This violent love.

LETTER FROM THE WOMEN OF THIS COUNTRY

Here we are, with the foam on our hands in front of the dirty dishes,
Listening to the murmurs of the blood. Through the window, the moonlight
Shines on the metals and the soapsuds.
We are very old women, remembering brittle things. We were all there.
They let us live so we could tell about the bad apples,
So we whisper while our fingers drip, as well:
                "They didn't take love away from us."
I'd like sorrow to go away like grease goes down the drain.
But sorrow is there like a child growing inside us.
Sorrow tells us: "My daughters, look at how you've grown new wings."
There's luster on the spoons and forks, but the memory, the lightning,
Our men's last names are still throbbing in our hands.

Mientras lavamos una olla, un sartén, un colador, hay una que imagina
bañar y acariciar el pecho, las manos, los pies de su hombre.
Son otros los que hacen la guerra, pero somos nosotras
las que cargamos las carretillas de lodo de un cuarto al otro.
Entre nosotras y el grifo de agua, la luna y nuestros difuntos cantando.
No nos marcharemos sin más. Vamos a lo profundo del misterio.
Buscamos en el humilde jarro de nuestro pozo las palabras más sencillas
para decir con exactitud la costilla rota, su mano tronchada, sus ojos abiertos y
[quietos.
Cuánta pena hay en esta tarea diaria de lavar los platos, los vasos, nuestras sílabas.
La guerra tiene el nombre de un varón, pero la memoria, las vocales temblorosas de
[una mujer.
Nadie mejor que nosotras lo sabemos: «Todos somos culpables en la pesadilla».
Y no hablar, lo creemos casi doblando las rodillas, es morir frente a los hijos.
Ninguna se oculte en la casa limpia, ninguna diga nunca, ninguna deje de desollar el
[alma.
Aquí estamos las mujeres de este país sacándole brillo a nuestros muertos.
Aquí estamos las mujeres de este país edificando con espuma
el amor. Aquí estamos las mujeres de este país
con la luna entre las manos.

While we wash a kettle, a skillet, a sieve, there's one of us who fancies
Bathing and caressing her man's chest, hands, and feet.
Others make war, but we roll the wheelbarrows
Of mud from one room to the next,
Between us and the faucet, the moon, and our singing dead.
We won't go away just like that. We're delving into the mystery.
We're looking in the humble jug of our well for simpler words
To accurately tell about their broken ribs, their chopped-off hands, their open,
[motionless eyes.
How much pain there is in this daily task of washing dishes, glasses, and our
[syllables.
War is named after a man, but memory has a woman's quavering vowels.
No one better than us knows that: "We're all guilty in this nightmare."
And if we keep quiet —we believe it, almost bending our knees—,
it'd be like dying in front of our kids.
Let no one hide in her clean house, let no one say never, let no one stop peeling off
[her soul.
We, the women of this country, are here burnishing our dead.
We, the women of this country, are here to build love
With suds. We, the women of this country, are here
With the moon in our hands.

Translated by Miguel Falquez-Certain

Biografías

Biographies

Indran Amirthanayagam (Ceilán / USA)

Poeta, ensayista, músico y diplomático de Sri Lanka. Es bachiller en Literatura Inglesa de Haverford College y tiene una maestría en periodismo de la Universidad de Columbia. Ha publicado 17 colecciones de poesía, incluyendo *Il n'est de solitude que l'ile lointaine* (Legs Editions, 2017), *The Elephants of Reckoning* (Hanging Loose Press, 1993) que ganó el Premio Paterson 1994 en los Estados Unidos, *Uncivil War* (Tsar/Mawenzi House, 2013), *Sin adorno: lírica para tiempos neobarrocos* (Universidad Autónoma de Nuevo León, 2013), *Ventana azul* (El Tapiz del Unicornio, 2016), *Coconuts on Mars* (Paperwall Publishers, 2019), y las novedades: *En busca de posada* (Apogeo, 2019), *Paolo 9* (Manofalsa, 2019), y *The Migrant States* (Hanging Loose Press, 2020). Amirthanayagam es becario en 2020 en poesía de Foundation for the Contemporary Arts. Escribe en su blog en inglés, español, francés, portugués y creole haitiano (http://indranamirthanayagam.blogspot.com).

Manlio Argueta (El Salvador)

Algunas de sus obras incluyen *En el costado de la luz* (1968), *El valle de las Hamacas* (1970), *Caperucita en la zona roja* (Casa Premio de las Américas, 1977), *Un día en la vida* (1980), *Cuzcatlán, donde bate la mar del sur* (1986), *Milagro de la Paz* (Istmo Editores, 1995), *Siglo de O(G)ro* (1997), *Los Poetas del Mal* (novela, 2012), *Poesías completas* (1956-2005) (2006). Es autor de tres libros de cuento infantil: *Magic Dogs of the Volcanoes /Los perros mágicos de los volcanes* (1990); *El Cipitío* (2006), y *La Siguanaba* (2019). Argueta es mejor conocido por su libro *Un día en la vida*, que ha sido traducido a más de 15 idiomas.

Carmen Berenguer (Chile)

Poeta, artista audiovisual y reportera chilena. Su poesía se ha reunido en varias antologías y ha sido editora de las publicaciones *Hoja X Ojo* (1984) y *Al Margen* (1986). En 2008 ganó el premio Iberoamericano de Poesía Pablo Neruda, convirtiéndose en la segunda mujer y primera chilena que ha ganado este galardón. Su obra es extensa y variada e incluye poesía, ensayo y crónica, entre las cuales se encuentran *Bobby Sands desfallece en el muro* (1983), *Huellas de siglo* (1986), *A media asta* (1988), *Sayal de pieles* (1993), *Naciste pintada* (1999), *La gran hablada* (2002), *Chiiit, son las ventajas de la escritura* (2008), *Mama Marx,* (2009), *Venid a verme ahora* (2012), *Maravillas pulgares* (2012) y *Mi Lai*, (2015).

Indran Amirthanayagam (Ceylon / USA)

Poet, musician, and diplomat from Sri Lanka. He is a Bachelor of Arts in English Literature from Haverford College and a Master of Journalism from Columbia University. He has published 17 collections of poetry, including *Il n'est de solitude que l'île lointaine* (Legs Editions, 2017), *The Elephants of Reckoning* (Hanging Loose Press, 1993) which won the 1994 Paterson Prize in the United States, *Uncivil War* (Tsar/Mawenzi House, 2013), *Sin adorno: lírica para tiempos neobarrocos* (Universidad Autónoma de Nuevo León, 2013), *Ventana azul* (El Tapiz del Unicornio, 2016), *Coconuts on Mars* (Paperwall Publishers, Mumbai, 2019), and the novelties: *En busca de posada* (Apogeo, 2019), *Paolo 9* (Manofalsa, 2019), and *The Migrant States* (Hanging Loose Press, 2020). Amirthanayagam is a 2020 Poetry Fellow at Foundation for the Contemporary Arts. He writes in English, Spanish, French, Portuguese and Haitian Creole (http://indranamirthanayagam.blogspot.com).

Manlio Argueta (El Salvador)

Some of Argueta's works include *En el costado de la luz* (1968) *El valle de las Hamacas* (1970), *Little Red Riding Hood in the Red Light District* (Casa de las Américas Prize 1977), *One Day of Life* (1980), *Cuzcatlán, Where the Southern Sea Beats* (1986), *A Place Called Milagro de Paz* (1995), *One upon a time Boomb* (1997), *Los Poetas del Mal* (2012). *Poesías Completas* (1956-2005) (2006). Three children´s storybooks: *Magic Dogs of the Volcanoes/Los perros mágicos de los volcanes* (1990), *El Cipitío* (2006), and *La Siguanaba* (2019). Argueta is best known for his book *One Day of Life*, which has been translated into over 15 languages.

Carmen Berenguer (Chile)

Chilean poet, audio-visual artist and reporter. Her poetry has been gathered in several anthologies and she has been an editor of the publications *Hoja X Ojo* (1984) and *Al Margen* (1986). In 2008 she won the Iberoamerican Poetry Prize Pablo Neruda, becoming the second woman and the first Chilean to have won this award. Her work is extensive and varied and includes poetry, essays and chronicles, among which are *Bobby Sands desfallece en el muro* (1983), *Huellas de siglo* (1986), *A media asta* (1988), *Sayal de pieles* (1993), *Naciste pintada* (1999), *La gran hablada* (2002), *Chiiit, son las ventajas de la escritura,* (2008), *Mama Marx,* (2009), *Maravillas pulgares,* (2012), *Venid a verme ahora,* (2012), and *Mi Lai,* (2015).

Kary Cerda (México)

Poeta y fotógrafa. Libros publicados de poesía: *Soirs de Vignes* (1984), *Caracol Aventurero* (1996), *De tu piel a mi universo* (2010), *Usumacintamente* (2012), *Por la Vida Una* (2012), *Los Nombres de la Tierra* (2016), *Tierra Nueva* (2016), *La falda de Jade* (2017), *Océano Mudo* (2017), *Meridiano de Intemperies* (2018) y *Magma y arena* (2020). Ha ilustrado más de cuarenta libros con sus fotografías. Ha participado en recitales de poesía en México, Canadá, Costa Rica, Cuba, El Salvador, Francia, Honduras, USA, Puerto Rico y República Dominicana.

Tetyana Dovbnya (Ucrania)

Nací en Ucrania, cuando aún era parte de la URSS. Crecí junto con mi país, que estaba en proceso de obtener su independencia. Viví en Ucrania hasta los 28 años, cuando mi vida se dividió en dos. No importa cuántos años me aleje de mi tierra natal, sigue siendo el lugar de mis recuerdos más vívidos y mi inspiración para escribir. La poesía es como lluvia para mi alma, refrescante y trayendo un toque de armonía a la existencia, sin la cual la vida no sería posible de soportar. Se derrama sobre mí abriendo mi corazón a las voces del otro. La poesía me silencia y me hace escuchar.

Margarita Drago (Argentina)

Poeta y narradora de Rosario, Argentina, es doctora y catedrática de Literatura Hispanoamericana en la Universidad de Nueva York. Autora de *Fragmentos de la memoria: Recuerdos de una experiencia carcelaria (1975-1980)* (2007), declarado de interés cultural por la Cámara de Diputados de la Nación Argentina; *Con la memoria al ras de la garganta* (2013), *Quedó la puerta abierta* (2016), *Hijas de los vuelos* (2016), *Un gato de ojos grandes me mira fijamente* (2017), *Heme aquí* (2017), *Con la memoria stretta in gola* (2018), *Sé vuelo* (2018). Es coautora de *Tomamos la palabra: mujeres en la guerra civil de El Salvador (1980-1992)*. Ha participado en antologías y publicaciones de EE.UU, América Latina y España.

Paul Dresman (USA)

Nació en Los Ángeles y estudió en la Universidad Estatal de San Francisco y en la Universidad de California en San Diego. Coeditó diversas revistas literarias, incluyendo *Crawl Out Your Window*, *Big Rain* y la bilingüe *Helicóptero*. Tradujo *Hotel Marconi*, un libro de poemas del chileno Jesús Sepúlveda (Cuarto Propio, 2012). Sus poemas han sido publicados en *The Silver Dazzle of the Sun*. Enseñó literatura y escritura en universidades de California, China y Oregón.

Kary Cerda (México)

Poet and photographer. Published works: *Soirs de Vignes* (1984), *Caracol Aventurero* (1996), *De tu piel a mi universo* (2010), *Usumacintamente* (2012), *Por la Vida Una* (2012), *Los Nombres de la Tierra* (2016), *Tierra Nueva* (2016), *La falda de Jade* (2017), *Océano Mudo* (2017), y *Meridiano de Intemperies* (2018), and *Magma y arena* (2020). Cerda has illustrated over forty books with her photography. She has also participated in poetry readings in Mexico, Canada, Costa Rica, Cuba, El Salvador, France, Honduras, USA, Puerto Rico and The Dominican Republic.

Tetyana Dovbnya (Ukraine)

I was born in Ukraine, when it was a part of the USSR. I grew up along with my country, that was in the process of gaining its independence. I lived in Ukraine until I was 28, a year that split my life into two. No matter how many years distance myself from my homeland, it remains the place of my most vivid memories and my inspiration for writing. Poetry is like rain to my soul, refreshing and bringing a hint of harmony to existence, without which life might not be possible to endure. It pours over me opening my heart to the voices of the other. Poetry silences me and makes me listen.

Margarita Drago (Argentina)

Poet and narrator from Rosario (Argentina), she is a Ph.D professor of Latin-American Literature at the University of New York. Author of *Fragmentos de la memoria: Recuerdos de una experiencia carcelaria (1975-1980)* (2007), declared as cultural interest by the Argentine Chamber of Deputies; *Con la memoria al ras de la garganta* (2013), *Quedó la puerta abierta* (2016), *Hijas de los vuelos* (2016), *Un gato de ojos grandes me mira fijamente* (2017), *Heme aquí* (2017), *Con la memoria stretta in gola* (2018), and *Sé vuelo* (2018). She is co-author of *Tomamos la palabra: mujeres en la guerra civil de El Salvador (1980-1992)*. She has participated in anthologies and literary publications from the U.S., Latin America and Spain.

Paul Dresman (USA)

Born in Los Angeles, he was educated at San Francisco State University and the University of California at San Diego. Co-edited literary journals, including *Crawl Out Your Window*, *Big Rain*, and the bilingual *Helicóptero*. Translator of *Hotel Marconi*, a book from the Chilean poet Jesús Sepúlveda (Cuarto Propio, 2012). His selected poems were published in *The Silver Dazzle of the Sun*. Dresman was professor of literature and writing at universities in California, China and Oregon.

Paul Forsyth Tessey (Perú)

Poeta, ensayista y editor. Bachiller en Literatura por la PUCP y está por culminar sus estudios de maestría en la UNMSM. Entre otros, ha publicado: *El oscuro pasajero* (Trashumantes, 2012), *Anatomía de Terpsícore* (Celacanto, 2014), *Autorretrato del piloto* (Celacanto, 2015), *Bajo este cielo de cabeza* (Celacanto, 2016) y *El sendero del irivenir* (Celacanto, 2017). Actualmente, tiene en preparación los poemas *Hermes Psicopompo* y *El disfraz humano*, para su pronta publicación.

Tomás Modesto Galán (República Dominicana)

Reside en Nueva York desde el 1986. Actual presidente de la Asociación de Escritores Dominicanos en Estados Unidos (ASEDEU). Entre otros, ha publicado: *Diario de Caverna* (poesía, 1988), *Los Cuentos de Mount Hope* (novela, 1995), y *Los niños del Monte Edén* (cuento, 1998). En el 2014 su poemario *Amor en bicicleta y otros poemas*, ganó el concurso Letras de Ultramar. El 16 de octubre del 2015 fue nombrado Poeta del año, por el Americas Poetry Festival de Nueva York. Algunos de sus libros o textos han sido traducidos al inglés, árabe y portugués.

Samuel Gregoire (Haití)

Reside en Santo Domingo, República Dominicana desde el 2004. Estudió Ingeniería Financiera y tiene una formación en francés como Lengua Extranjera, en Poesía Experimental y en Derechos Humanos en el Ejercicio Periodístico. Es profesor de francés y coordinador de creatividad literaria. Ha publicado *El amor ha muerto* (Ángeles de Fierro, 2011) y *Simulacros de Paraísos* (Amargord, 2018). Ha sido publicado en diversas antologías y revistas. Escribe en francés, creole y español.

Rodolfo Häsler (Cuba / España)

Nació en Santiago de Cuba y reside en Barcelona. Ha publicado nueve libros de poesía, los tres últimos son *Cabeza de ébano* (2007), *Diario de la urraca* (2014) y *Lengua de lobo* (2019), libro que obtuvo el XII premio internacional de poesía Claudio Rodríguez. Es traductor.

Paul Forsyth Tessey (Peru)

Poet, essayist and editor. BA in Literature from PUCP and he is finishing his master's degree at UNMSM. Among others, he has published: *El oscuro pasajero* (Transhumantes, 2012). *Anatomía de Terpsícore* (Celacanto, 2014), *Autorretrato del piloto* (Celacanto, 2015), *Bajo este cielo de cabeza* (Celacanto, 2016) and *El sendero del irivenir* (Celacanto, 2017). Currently, he is preparing the poems *Hermes Psicopompo* and *El disfraz humano*.

Tomás Modesto Galán (Dominican Republic)

Dominican writer residing in New York, since 1986. Current president of the Association of Dominican Writers in the United States (ASEDEU). Among others, his work include: *Diario de Caverna* (poetry, 1988), *Los Cuentos de Mount Hope* (novel, 1995), y *Los niños del Monte Edén* (short story, 1998). In 2014 his poetry collection *Love on a Bicycle and other poems*, won the Overseas Lyrics contest. On October 16, 2015, he was named Poet of the Year by the America s Poetry Festival in New York. Some of his books or texts have been translated into English, Arabic, and Portuguese.

Samuel Gregoire (Haiti)

Lives in Santo Domingo, Dominican Republic, since 2004. Holds a bachelor's degree in Finance Engineering, French as a Foreign Language, Experimental Poetry and Human Rights Journalism. He is a professor of French and a Creative Writing Coordinator. His works includes *El amor ha muerto* (Ángeles de Fierro, 2011) and *Simulacros de Paraísos* (Amargord, 2018) and has been published in a variety of anthologies, and literature magazines. Writes in French, Creole and Spanish.

Rodolfo Häsler (Cuba / Spain)

He was born in Santiago de Cuba and lives in Barcelona. He has published nine poetry books, the last three are *Head of Ebony* in 2007, *Diario de la urraca* in 2014 and *Lengua de lobo*, in 2019, a book that won the XII International Prize for Poetry Claudio Rodríguez. He is a translator.

Paulo Huirimilla Oyarzo (Chile)

Oriundo de la isla de Calbuco, Chile, ha publicado *El ojo de vidrio* (Editorial Kultrun, 2001); *Cantos para niños de Chile* (Ulmapu Ediciones, 2005); *Palimpsesto* (Lom Ediciones, 2005); *Antología de Poesía Mapuche* (Lom Ediciones, 2012). Sus escritos versan sobre los procesos de colonización, mixtura, mestizaje cultural y los procesos de liberación y descolonización del pueblo mapuche y en específico de la identidad Williche. Sus textos han sido parcialmente traducidos al inglés, italiano, alemán, catalán y holandés.

Álvaro Inostroza Bidart (Chile)

Poeta chileno de la Generación del 80. Ha publicado nueve libros desde 1985 hasta la fecha. Sus primeros poemas fueron publicados en 1979 en la antología *Uno x Uno: Nueve Poetas Jóvenes* de Editorial Nascimento. Su poesía ha sido traducida al inglés y al árabe. Estudió Periodismo y tiene un Magister en Economía Urbana. Además, es crítico de cine y tiene una columna semanal en el diario *La Estrella de Valparaíso*. Vive en Concón, ciudad costera de la provincia de Valparaíso, Chile.

Luz Stella Mejía Mantilla (Colombia / USA)

Escritora y editora. Ha publicado dos libros de poesía, *Etimológicas* (2020) y *Palabras Sumergidas* (2018), el cual ganó mención especial en el Premio Especial Festival Internacional Savannah 2019. Su poema «Esa paz que quiero» obtuvo mención en el concurso «Mil Poemas por la Paz del Mundo» en el 2019.

Eduardo Moga (España)

Poeta y escritor. Ha publicado 18 libros de poesía, el último de los cuales es *Mi padre* (Trea, 2019). También ha escrito diarios, libros de ensayo y literatura de viajes. Practica la crítica literaria en *Letras Libres y Cuadernos Hispanoamericanos*, entre otros. Ha traducido a numerosos autores, como Ramon Llull, Arthur Rimbaud, Charles Bukowski, William Faulkner y Walt Whitman. Ha sido director de la Editora Regional de Extremadura y coordinador del Plan de Fomento de la Lectura de la región. Mantiene el blog *Corónicas de España* (eduardomoga1.blogspot.com).

Paulo Huirimilla Oyarzo (Chile)

He was born in the island of Calbuco, Chile. He has published *El ojo de vídrio* (Editorial Kultrun, 2001), *Cantos para niños de Chile* (Ulmapu Ediciones, 2005), *Palimpsesto* (Lom Ediciones, 2005), *Antología de Poesía Mapuche* (Lom Ediciones, 2012). Huirimilla explores with his writing a diversification of themes such as: colonization, ethnic multiplicity and mixing, cultural mestizaje and the liberation processes and decolonization of the Mapuches, specifically, the Williche identity. His books are being translated to English, Italian, German and Dutch.

Álvaro Inostroza Bidart (Chile)

Chilean poet of the Generation of '80. He has published nine books since 1985 to date. His first poems were published in 1979 in the anthology *Uno x Uno: Nueve Poetas Jóvenes* by Editorial Nascimiento. His poetry has been translated into Spanish and Arabic. He studied Journalism and he has a Master's in Urban Economics. In addition, he is a film critic and has a weekly column in La Estrella de Valparaíso. He lives in Concón, a coastal city in the Valparaíso province of Chile.

Luz Stella Mejía Mantilla (Colombia / USA)

Writer and an editor. She has published two books of poetry, *Etimológicas* (2020) and *Palabras Sumergidas* (2018) which won a special mention at the Savannah International Festival Prize (2019). Her poem "Esa Paz que quiero" won honorable mention in the contest "Mil Poemas por la Paz del Mundo", 2019.

Eduardo Moga (Spain)

Poet and writer. He has published 18 poetry books, the last of which is *My Father* (Trea, 2019). He has also written journals, essay books, and travel literature. Practice literary criticism in *Free Letters and Hispano-American Notebooks*, among other media. He has translated numerous authors, such as Ramon Llull, Arthur Rimbaud, Charles Bukowski, William Faulkner, and Walt Whitman. He has been director of the Regional Publishing House of Extremadura and coordinator of the Reading Promotion Plan for the Region. He maintains the blog *Corónicas de Españia* (eduardomoga1.blogspot.com).

María Ángeles Pérez López (España)

Poeta y profesora titular de Literatura Hispanoamericana de la Universidad de Salamanca. Ha publicado varios libros de poesía. Antologías de su obra han sido publicadas en Caracas, Ciudad de México, Quito, Nueva York, Monterrey y Bogotá. También, de modo bilingüe, en Italia y Portugal. Es hija adoptiva de Fontiveros, el pueblo natal de San Juan de la Cruz.

Keith Phetlhe (Botswana)

Poeta, profesor, gestor cultural y traductor. Obtuvo un Ph.D. en Literatura Africana y Estudios de Cine en la Universidad de Ohio. Su publicación reciente es *The Abomination: A Postcolonial Setswana Novel*, que tradujo al inglés. También ha traducido al Setswana *The Conscript*, una novela escrita en Tigrinya. Es coeditor de una próxima antología de poesía multilingüe *Harvested Requiems*. Phetlhe es el fundador de Poetry Society-UB y ha aparecido en varios eventos culturales como poeta distinguido.

Juana M. Ramos (El Salvador)

Poeta y académica en York College, CUNY. Ha participado en conferencias y festivales de poesía en Latinoamérica y España. Ha publicado *Multiplicada en mí* (2010 y 2014), *Palabras al borde de mis labios* (2014), *En la batalla* (2016), *Ruta 51C* (2017) y *Sobre luciérnagas* (2019). Es coautora de *Tomamos la palabra: mujeres en la guerra civil de El Salvador (1980-1992)* (2016).

Roger Santiváñez (Perú)

Nació en Piura, costa norte del Perú. Obtuvo un Ph.D. en poesía latinoamericana por Temple University. Participó en *La Sagrada Familia* (1977), militó en Hora Zero y fundó el estado de revuelta poética de neovanguardia denominado *Movimiento Kloaka*. Tiene dos recopilaciones de su obra *Dolores Morales de Santiváñez (1975-2005)* (Lima, 2006) y *Sagrado (2004-2016)* (Lima, 2016). Luego ha publicado *Balara / Asgard & otros poemas* (Mexico, 2017) y *Melagrana* (USA, 2018). Vive a las orillas del río Cooper, sur de New Jersey, íntegramente dedicado a la escritura y al estudio de los lenguajes de la poesía.

María Ángeles Pérez López (Spain)

Poet and Associate Professor of Latin American Literature at the Universidad de Salamanca. She has published several poetry books. Her works have been published in anthologies in Caracas, Mexico City, New York, Monterrey and Bogotá. Also, in bilingual format in Italy and Portugal. She is an adoptive daughter of Fontiveros, St. John of the Cross' hometown.

Keith Phetlhe (Botswana)

Poet, teacher, cultural consultant and translator. He received a Ph.D in African Literature & Film Studies at Ohio University. His recent publication is *The Abomination: A Postcolonial Setswana Novel*, which he translated into English. He has also translated a Tigrinya Novel *The Conscript* into Setswana. He is also the co-editor of the upcoming multilingual poetry anthology *Harvested Requiems*. Phetlhe is the founder of Poetry Society-UB and has made major appearances in various cultural events as a distinguished poet.

Juana M. Ramos (El Salvador)

Poet and scholar at York College, CUNY. She has participated in poetry festivals and conferences in both Latin America and Spain. She published *Multiplicada en mí* (2010 and 2014), *Palabras al borde de mis labios* (2014), *En la batalla* (2016), *Ruta 51C* (2017), and *Sobre Luciérnagas* (2019). She is the co-author of *Tomamos la palabra: mujeres en la guerra civil de El Salvador (1980-1992)* (2016).

Roger Santiváñez (Perú)

He was born in Piura, on the northern coast of Peru. He received a Ph.D. in Latin American poetry at Temple University. He participated in *La Sagrada Familia* (1977), he was active members in *Hora Zero* and founded the state of Neo-vanguardist poetic revolt *Movimiento Kloaka*. He has two collections of his work *Dolores Morales de Santiváñez (1975-2005)* (Lima 2006) y *Sagrado (2004-2016)* (Lima, 2016). He later published *Balara / Asgard & otros poemas* (Mexico, 2017) y *Melagrama* (USA, 2018). He lives on the banks of the Cooper River, south of New Jersey, completely dedicated writing and to the study of languages and poetry.

Sandra Santos (Portugal)

Poeta, maestra, traductora y correctora, nacida en Barcelos, Portugal. Es licenciatura en B.A. en Idiomas y Relaciones Internacionales por la Universidad de Oporto y obtuvo su Maestría en Publicaciones en la Universidad de Aveiro. Como poeta y traductora, ha publicado su trabajo en Portugal, España, América Latina y los Estados Unidos de América en portugués, español e inglés. Su primer libro de poesía, *Ether*, se publicó en Brasil y México en 2018. Su propio trabajo se puede encontrar en línea en: http://sandrasantos-ss.blogspot.pt/.

Yrene Santos (República Dominicana)

Madre, maestra, hermana, amiga y actriz, nacida en Villa Tapia, provincia Hermanas Mirabal de la República Dominicana. Estudió Educación y Literatura Hispanoamericana. Entre otros, ha publicado: *Septiembre casi termina* (2016), *Por el asombro* (2015), *Me sorprendió geométrica* (poemas reunidos, 2013), *Después de la lluvia* (2009), *Por si alguien llega* (2009), *El incansable juego* (2002), *Reencuentro* (1997) y *Desnudez del silencio* (1988). Co-autora de: *Desde la Diápora: Cuentos y poemas de niños y niñas dominicanas* (2005). Organizadora de The Americas Poetry Festival of New York (TAPFNY) junto a Carlos Aguasaco y Carlos Velásquez Torres. Es Secreteria General de la Asociación de Escritores Dominicanos en los Estados Unidos (ASEDEU). Profesora de Español en The City University of New York y St. John's University.

Carlos Satizábal (Colombia)

Poeta, escritor, dramaturgo, actor y director teatral. Profesor asociado de la Universidad Nacional de Colombia, donde dirige la Maestría en Escrituras Creativas y es investigador del Centro de Pensamiento y Acción para las Artes. Activista por la paz de Colombia. Premio Nacional Poesía Inédita con *La llama inclinada*. Premio Dramaturgia ciudad de Bogotá con *Ellas y la Muerte: Sueño de tres poetas*. Premio Iberoamericano Textos dramáticos —CELCIT 40 años con *Ensayo del eterno retorno femenino*. Premio iberoamericano de Ensayo: *Pensar a Contracorriente con Fragilidad y Lejanía*. Conferencista, tallerista invitado de universidades, festivales de teatro y poesía en diversos países.

Sandra Santos (Portugal)

Poet, teacher, translator and proofreader, from Barcelos, Portugal. She holds a B.A. in Languages and International Relations from University of Porto and got her Master's degree in Publishing at the University of Aveiro. As a poet and translator, she has published her work in Portugal, Spain, Latin America and The United States of America working back and forth in Portuguese, Spanish, and English. Her first poetry book, *Ether*, was published in Brazil and Mexico in 2018. Her own work can be found online at: http://sandrasantos-ss.blogspot.pt/.

Yrene Santos (Dominican Republic)

Mother, teacher, sister, friend and actress, from Villa Tapia, Province of Hermanas Mirabal, Dominican Republic. She studied Education and Latin-American Literature. Among others, she has published: *Septiembre casi termina* (2016), *Por el asombro* (2015), *Me sorprendió geométrica* (poemas reunidos, 2013), *Después de la lluvia* (2009), *Por si alguien llega* (2009), *El incansable juego* (2002), *Reencuentro* (1997) y *Desnudez del silencio* (1988). Co-author of: *Desde la Diápora: Cuentos y poemas de niños y niñas dominicanas* (2005). She organizes The Americas Poetry Festival of New York (TAPFNY) together with Carlos Aguasaco and Carlos Velásquez Torres. She is the Secretary-General of the Asociación de Escritores Dominicanos en los Estados Unidos (ASEDEU). Spanish Professor at The City University of New York and St. John's University.

Carlos Satizábal (Colombia)

Poet, writer, playwright, actor and theater director. Associate professor at the National University of Colombia, where he directs the Master in Creative Writing. He is a researcher at the Center for Thought and Action for the Arts. Activist for peace and peace in Colombia. National Unpublished Poetry Award with *La Llama Inclinada*. City of Bogotá Dramaturgy Award with *Ellas y La Muerte: Sueño de tres poetas*. Iberoamerican Award Dramatic texts —CELCIT 40 years— with Ensayo del eterno retorno femenino. Iberoamerican Essay Award: Thinking Against the Current with Fragilidad y Lejanía. Lecturer, invited workshop owner from universities, theater and poetry festivals in various countries.

Jesús Sepúlveda (Chile)

Nacido en Santiago de Chile, es autor de una docena de libros, incluyendo su manifiesto eco-libertario *El jardín de las peculiaridades* (2002), la antología *Poemas de un bárbaro* (2013) y el texto de crítica *Poets on the Edge* (2016). Su tercer poemario *Hotel Marconi* (1998) fue llevado al cine en Chile en 2009. Su obra ha sido traducida a doce idiomas y publicada en una veintena de países, llevándolo a participar en numerosos festivales de poesía y lecturas alrededor del mundo. Reside en Eugene, estado de Oregón (EE.UU).

Fredy Yezzed (Colombia / Argentina)

Escritor, poeta y activista. Después de un viaje de seis meses por Suramérica en 2008, se radicó en Buenos Aires, Argentina. Tiene publicado los libros de poesía: *La sal de la locura* (Premio Nacional de Poesía Macedonio Fernández, 2010), *El diario inédito del filósofo vienés Ludwig Wittgenstein* (2012) y *Carta de las mujeres de este país* (2019), Mención de Poesía en el Premio Literario Casa de las Américas 2017. Como investigador escribió los estudios *Párrafos de aire: Primera antología del poema en prosa colombiano* (Editorial de la Universidad de Antioquia, 2010) y *La risa del ahorcado: antología poética de Henry Luque Muñoz* (Universidad Javeriana, 2015).

Jesús Sepúlveda (Chile)

He is the author of twelve books, including his green-anarchist manifesto *The Garden of Peculiarities* (2002), his collected poems *Poemas de un bárbaro* (2013), and his book on Latin American poetry *Poets on the Edge* (2016). His third collection *Hotel Marconi* (1998) was made into a film in Chile in 2009. Sepúlveda's work has been published in more than twenty countries and translated into twelve languages, leading him to participate in many poetry festivals and readings throughout the world. He lives in Eugene, Oregon, USA.

Freddy Yezzed (Colombia / Argentina)

Writer, poet and advocate. After traveling throughout Latin America for six months, he settled in Buenos Aires, Argentina. His books of poetry are *La sal de la locura*, (Macedonio Fernández National Poetry Prize, 2010), *El diario inédito del filósofo vienés Ludwig Wittgenstein* (2012) and *Carta de las mujeres de este país*, (2019), Mention of Poetry in the Literary Prize House of the Americas 2017, La Habana, Cuba. As a literary critic he has compiled and introduced the following books, *Párrafos de aire: Primera antología del poema en prosa colombiano* (Editorial de la Universidad de Antioquia, 2010) and *La risa del ahorcado: Antología poética de Henry Luque Muñoz* (Editorial de la Universidad Javeriana, 2015).

Traductores

Translators

Traducciones y Traductores

El trabajo que presentamos, con su naturaleza bilingüe y a veces trilingüe, no habría sido posible sin la participación de un numeroso grupo de traductores que podríamos dividir en dos grupos: El grupo del club de traducción de Ohio University, dirigido por la Dra. María Postigo en Athens, Ohio, y por otra parte, los traductores independientes.

María Postigo (España)

Traductora, intérprete, madre y profesora en la Universidad de Ohio. Tiene un doctorado en Estudios de Traducción e Interpretación de la Universidad de Valladolid (España), con especialización en Traducción Audiovisual, Lingüística y Estudios de Cine. También estudió en la Universidad de Lovaina (Bélgica) y realizó un Post-Doc de un año en la Universidad de Ottawa. Ha participado en numerosas conferencias profesionales en España y Estados Unidos.

Club de Traducción de la Universidad de Ohio

Desde su fundación en 2017 por la Dra. Postigo, el Club de Traducción de la Universidad de Ohio ha sido un recurso valioso, proporcionando a la universidad servicios de interpretación confiables. Ha realizado traducciones e interpretado para tres delegaciones visitantes del Programa de Capacitación de Educadores de Argentina, la Pontificia Universidad Católica del Ecuador (PUCE) y la Universidad de Manizales (Colombia). Los traductores participantes en esta antología incluyen: los estudiantes de posgrado Margaret Saine (USA), Carolina Bonansea (Argentina), Ramón Martínez (Puerto Rico), Isaiah O'Bryon (USA), la estudiante de pregrado Paige Comstock y la asesora del Club de Traducción de la Universidad de Ohio, la Dra. María Postigo (España).

Translations and Translators

The work we present, with its bilingual and sometimes trilingual nature, would not have been possible without the participation of a large group of translators who could be divided into two groups: The Ohio University Translation Club led by Dr. Maria Postigo in Athens, Ohio, and on the other hand, freelance translators.

María Postigo (Spain)

Translator, interpreter, mother, and professor at Ohio University. She holds a Ph.D. in Translation and Interpreting Studies from the University of Valladolid (Spain), with a concentration on Audiovisual Translation, Linguistics and Cinema Studies. She has also studied at the University of Louvain (Belgium), and held a one-year Post-Doc at the University of Ottawa. She has participated at many professional conferences in Spain and the U.S.

Ohio University Translation Club

Since its foundation in 2017 by Dr. Postigo, the Ohio University Translation Club has been a valuable resource, providing the university with reliable interpreting services. It has carried out translations and interpreted for three visiting delegations from the Argentina Educators Training Program, the Pontifical Catholic University of Ecuador (PUCE) and the University of Manizales (Colombia). The participant translators in this anthology include: graduate students Margaret Saine (U.S.), Carolina Bonansea (Argentina), Ramón Martínez (Puerto Rico), Isaiah O'Bryon (U.S.), undergraduate student Paige Comstock and Ohio University Translation Club advisor Dr. María Postigo (Spain).

Traductores independientes

Además del Club de Traducción de la Universidad de Ohio, también colaboraron con su trabajo traductores independientes, algunos de los cuales fueron introducidos a nuestro proyecto por los mismos autores. Esta es la lista de los mismos:

María Elena Blanco	Hannah Grace Morrison
Jeffrey Clayton	Jim Nally
Fabienne Delprat	Gaura Radar
Miguel Falquez-Certain	Jenniffer Ratbun
Carli Henman	Ever Rodríguez
David Lawrence	Stacey Ross
Elmira Louie	Carrie Summerford

Independent translators

In addition to the Ohio University Translation Club, independent translators also collaborated with their work, some of whom were introduced to our project by the authors themselves. This is the list of them:

María Elena Blanco	Hannah Grace Morrison
Jeffrey Clayton	Jim Nally
Fabienne Delprat	Gaura Radar
Miguel Falquez-Certain	Jenniffer Ratbun
Carli Henman	Ever Rodríguez
David Lawrence	Stacey Ross
Elmira Louie	Carrie Summerford

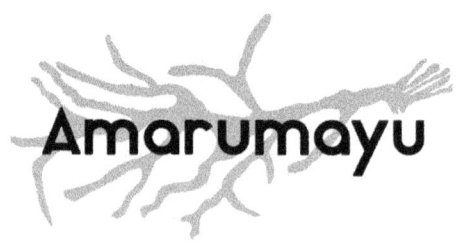

Colección Amarumayu de Poesía

Amarumayu es la palabra quechua para nombrar al río Amazonas. *Mayu* significa río y *Amaru* es serpiente y también deidad representada como una serpiente alada, así mismo, es el rayo o exhalación que cae del cielo. En la época incaica era totem de la sabiduría, ente comunicador entre el cielo y la tierra. El Amazonas es ese río serpiente que visto desde el cielo con todas sus arterias y ramas parece un dragón, la serpiente alada de la selva, un rayo lleno de energía, las venas de *Awya Yala*, pura vida fluida que traspasa fronteras e identidades. La cuenca del Amazonas nace en los Andes y baña las montañas, valles, llanos, selvas y morichales de ocho países. Se va haciendo poderoso a su paso, gracias a la confluencia de agua y vida proveniente de tantos lugares distintos. Representa a los pueblos no colonizados, salvajes e indomables: pueblos americanos que aún viven en sus riveras y se nutren de sus arterias, en el Sur, que es América.

Nuestro propósito es ser un canal de comunicación entre el poeta y el lector. Queremos ser un rayo que lleva luz y fuerza desde ese cielo de ideas y palabras que es la Poesía, al campo fecundo de las mentes. El poema es como un rayo. La poesía se mueve en forma de energía en el cielo, en la tierra y en el mar. Cuando el poeta mira con otros ojos o busca otros significados se alza del suelo y una corriente eléctrica lo atraviesa. De esa unión de los cielos y la tierra, nace el poema.

Amarumayu Poetry Collection

Amarumayu is the Quechua word to name the Amazon river. *Mayu* means river and *Amaru* is a serpent and also a deity represented as a winged serpent, likewise, it is the ray or exhalation that falls from the sky. In the Inca era it was a totem of wisdom, a communicating entity between heaven and earth. The Amazon is that snake river that seen from the sky with all its arteries and branches looks like a dragon, the winged snake of the jungle, a ray full of energy, the veins of *Awya Yala*, pure fluid life that crosses borders and identities. The Amazon basin is born in the Andes and bathes the mountains, valleys, plains, jungles and *morichales* of eight countries. It becomes powerful in its path, thanks to the confluence of water and life from so many different places. It represents the non-colonized, wild and indomitable peoples: American peoples that still live on its banks and feed on its arteries, in the South, which is America.

Our purpose is to be a channel of communication between the poet and the reader. We want to be a ray that brings light and strength from that sky of ideas and words that is Poetry, to the fertile field of minds. The poem is like lightning. Poetry moves as energy in the sky, on land, and in the sea. When poets look with other eyes or search for other meanings, they rise from the ground and an electric current passes through they. From that union of heaven and earth, the poem is born.

"We will need writers who can remember freedom
— poets, visionaries —
realists of a larger reality."

«*Vamos a necesitar escritores que puedan recordar la Libertad*
— poetas, visionarios —
realistas de una realidad más amplia».

Ursula K. Le Guin

EL SUR
ES
AMÉRICA

www.ingramcontent.com/pod-product-compliance
Lightning Source LLC
Chambersburg PA
CBHW080528170426
43195CB00016B/2504